Leaves
Publishing

根

以讀者爲其根本

莖

用生活來做支撐

葉

引發思考或功用

果

獲取效益或趣味

|宋素梅　黃啓寶|著

從一個變成兩個

離婚的20個理由

三色菫PANSY

從一對變成兩個—離婚的30個理由

作　　者：宋素梅、黃啓賓
出 版 者：葉子出版股份有限公司
發 行 人：宋宏智
總 編 輯：賴筱彌
企　　劃：傅紀虹、陳裕升
責任編輯：林淑雯
文字編輯：黃志賢
版面設計：呂慧美
插　　畫：莫燕玲
印　　務：黃志賢
地　　址：台北市新生南路三段88號7樓之3
電　　話：(02)23635748　　傳　　真：(02)23660310
E-m a i l：leaves@ycrc.com.tw
網　　址：http://www.ycrc.com.tw
郵撥帳號：19735365　　　　戶　名：葉忠賢
印　　刷：鼎易印刷事業股份有限公司
法律顧問：北辰著作權事務所
初版一刷：2004年1月　　　定　價：新台幣 200 元
I S B N：986-7609-11-5

總 經 銷：揚智文化事業股份有限公司
地　　址：台北市新生南路三段88號5樓之6
電　　話：(02)23660309
傳　　真：(02)23660310

從一對變成兩個：離婚的30個理由／
宋素梅、黃啓賓作. --初版. --臺北市
　：葉子, 2004〔民93〕
　　　面：　公分　--（三色菫）

　ISBN 986-7609-11-5（平裝）

　544.361　　　　　　　　92018613

※本書如有缺頁、破損、裝訂錯誤，請寄回更換

惟有獨立個體能選擇情感關係的維持
最成熟的愛僅存於自由選擇之中
理性、明智地選擇伴侶
則是通往最親密的分享與至愛之鑰

—Aaron Stern

出版緣起——
尋找生命的熱情與動力

　　「科技始終來自人性」是諾基亞（NOKIA）科技公司的商業口號，強調諾基亞提供的手機為人類增添溝通的親密。網際網路也是一個越來越接近人性的科技產品；由於工作的關係，常需要與人聯繫溝通，對於習慣讀、寫文字的我來說，伊妹兒非常能滿足我，尤其是每當心情想躲起來時，伊妹兒就成了我最佳的伴侶。一定有很多人有相同的情況，常在電子信箱中收到來自朋友從網路抓下的精采文章，不管是笑話、勵志文章、心理測驗或好看的圖片，看到還不錯的，除了自己存起來之外，秉持好東西要跟好朋友分享的原則，還會順手按下轉寄的按鍵，寄給眾家兄弟姊妹。這些話題，不論是幽默的、激勵的或是反向思考的內容，都有自娛、自勵的功能。

　　對於原始信件內容我固然喜歡，我更喜歡閱讀這些寄信者的附加文字，從信件被轉遞的次數和文字，可以

嗅到寄件人對內容的看法，還有大家對於這些內容的批評與贊同。特別是內容中有一種類型是關於一些人對某種生活型態上的理由，讓我們除了再一次看到「只要我喜歡有何不可以」的主張重現外，更看到快樂行動主義的魅力。

「人生只能活一次，當然要活得天天開心，快樂和憂愁只在轉念之間」是原先在企劃三色菫系列時首先閃過的念頭，企圖提供讀者在生活活動中享受自我的理由。或許，我該為三色菫系列的出版羅列出更多的理由，以表達企劃的動機。

「讓讀者以幽默開啟生命智慧，用樂觀改變生活態度，建立豐富的行為意義。」這理由應該是夠強烈了吧！還有更多的理由，像是：

☆為讀者建立自我經營的觀念，只要有心肯經營，生活中的點點滴滴都會是一場場藝術的饗宴。

☆儘管生活過程多少不平坦，但只要給

自己一點點理由，便可讓生活更為有勁。

☆從小而平凡的理由領悟生命哲理與力量。

☆帶領讀者領略生活之美，啜飲自信樂觀的人生滋味。

☆在行動中學習成長並成就圓融，發現生活的豐富與精采。

☆改變自己的心態，改變行動，改變環境。

☆挖掘生活裡的樂趣，以熱愛行動、享受生活的態度出發。

說了一大堆的理由，其實是希望透過多人對生活情境的主張，為自己在每一個當下找到人生通達的階梯！

人生只有一回，要讓生命不間斷地舞出燦爛火花，就要不間斷地行動，隨時給自己一個行動的「好理由」，也學習接納別人的生活方式。這種生命的概念正好貼近葉子文化出版的想法—在生命中尋找活力，灌注成長的生命活泉。

本系列的出版攪動了許多人對生活的思考，離婚、結婚、戀愛、血拼、打瞌睡、發呆……，一些個人的行動一一被挖了出來。這些只是一個開端，我們希望有更多的朋友加入尋找「好理由」的行動，用您的生命紀

錄、建構屬於自己的行動世界，也帶領其他
的讀者通往自在生活的任意門。

編輯部

筱燕

2003夏至

序

這本書的兩個作者，一個還沒結婚，一個還沒離婚，對於離婚的體會都是來自現今社會的現實面，現今社會中，有太多的人正因單身而急於投入婚姻當中，同時也有太多已婚的男女因為感情淡了、緣分盡了，而設法逃出過去曾經的山盟海誓。

現代人有人患有恐婚症，有人信仰不婚，有人更追求「只要性高潮、不要婚姻潮」，也有人因形單影隻而渴望一段轟轟烈烈的愛情及婚姻。

婚姻是最沒有血親關係的結合，一旦缺乏了愛情、關懷以及生理、心理的互相需求與滿足，僅僅只剩下習慣，這段婚姻還值得留戀嗎？

目前臺灣地區的離婚率呈現飆高的趨勢，社會中的男女朋友在成為情侶之後，有些人便會認真地考慮是否要步入紅毯，而紅毯的那一端常使得新人幻想從此以後可以像王子和公主一樣過著幸福快樂的日子。但走入了

家庭生活後，往往夢想化為飛煙，夫妻的作息有如定時器一般，早上起床上班，晚上下班回到家，女人忙著燒飯、洗衣，男人打電話回家說，今天晚一點回來。過去愜意的戀愛，一但步入了婚姻卻處處充滿了柴米油鹽醬醋茶；過去佼好的身材、臉孔，也轉變為黃臉婆。

婚前的熱戀，會由濃轉薄；婚後的愛情，當然也有可能會走下坡。愛情，在剛開始的時候，都會在相互的探索中，隨時有新奇的發現。但是，如果其中一方是個淺薄的人，光靠外表的偽裝吸引對方，相處不了多久，就醜態畢露，也難怪感情會漸漸疲乏。

世界上沒有誰是為了要離婚而結婚。走上離婚這條路的人，都是無可奈何。從旁觀者的角度觀察各種離婚夫妻，有些夫妻雖然彼此都沒有新歡，卻照樣離婚。而此時，通常提出離婚是女方，而且是具有一定經濟能力、性格比較獨立自主的妻子。至於男人，若是沒有新戀人，通常會以性格不合為理

由，提出離婚。

離婚的現象，是舊傳統的瓦解也好，或是對婚姻存在價值的懷疑也好，逐年增加離婚率是不爭的事實。無論離婚是否是為了給彼此更好的將來，都將會給雙方父母和孩子帶來傷害；而不離婚，雙方情感的空耗又會給心靈烙上永久的疤痕。在眾多的離婚案例中，有的確實感情已到了徹底破裂的地步，非離不可，有的卻是對婚姻的期望值過高，包容不足、指責有餘，「這山望著那山高」，草率離婚，最終不僅沒有找到所追求十全十美的「幸福」，還浪費了大好年華。

造成離婚的某些原因（如通姦、虐待、家庭暴力等）可能是涉及道德的問題，但是離婚本身卻無關乎道德。兩人若因無法共同生活而離婚，並不代表其中一方出現了道德上的缺陷。但離婚對當事人的幸福而言，是否為一件壞事呢？其實這樣的評斷是難以用第三者的角度來論定，一個人是否幸福，只有當事人最清楚。如果選擇了離婚，一定是因為他（她）覺得離婚要比不離婚好。事實上，若是兩個人持續貌合神離的生活，並沒有改善的空間時，這樣的情況，對彼此皆無好處，與其長期痛苦，不如斷絕婚姻關係，建立新生活追求幸福。

從這角度說來，離婚對當事人來說並不是件壞事。那麼社會上把離婚視為忌諱又是從何說起？有人或許會說，離婚會造成子女的不幸，所以是壞事，其實子女不幸的真正關鍵點並不始於離婚，而是在於夫妻不和。子女生長在一個不和且未離婚的家庭中難道就會比較幸福嗎？

有種人把婚姻視為絕對的善，因此離婚便成為相對面的壞事。人不是為結婚而結婚，而是為了幸福快樂的生活而結婚，婚姻只是達到幸福的手段，如果婚姻帶來的是痛苦，那麼結束婚姻反而是件好事，所以婚姻不是「絕對的善」，而是「相對的善」，相對於追求幸福生活這個目標。所以，婚姻是好、是壞，全視其是否能帶給人們幸福而定。而社會上一般的觀念認為離婚總不是件好事，因此造成了社會給予許多單親家庭的壓力及歧視，成了追求真正幸福的障礙。

離婚日漸成為普遍的社會現象，離婚與人際的關係、離婚與隱私的關係也就成為一

個社會問題，在這本書我們試著歸納離婚的種種現象與
思考，企圖為您揭開離婚的神秘面紗。

黃啟賓

李壽梅

Contents

〔目　錄〕

i　出版緣起

v　序

〔世代＆觀點〕

002　時代的觀點＆時代的現況

006　圍城內外 in and out

011　女怕嫁錯郎、男怕娶錯妻

016　販賣婚姻神話 V.S. 幻滅的假象

019　時代的女性，時代的婚姻

023　情深緣淺的現代婚姻

026　愛竭而分手，情盡而他奔

030　美女 or 老虎，妳送給配偶哪一個？

〔 離婚面面觀 〕

036 男/女認知大作戰

042 「性」不「性」福，很重要！

045 對不起，我對你/妳沒感覺了

048 為了多愛自己一點

053 我們之間沒有愛情

057 失去後，更快樂

061 三大最常出現的感情危機

067 「空間」解構「婚姻」

074 外遇，所有男人都會犯的錯？

080 婚姻中對另一半的忠誠度

084 婆媳過招─女人＆女人的戰爭

090 幸福嗎？兩岸的跨境婚姻

094 飄洋過海來嫁娶

〔六大奇聞〕

102 五花八門的法律案例

109 千奇百怪離婚習俗大搜秘

114 母系社會的東方女兒國

120 笑解煩惱結─徐志摩與張幼儀

125 笑解煩惱結─警察故事

129 離婚提高死亡率？

〔結局未完成〕

136 離婚後，路繼續走

140 離婚，也要活得有尊嚴

144 假性離婚

151 未完的結局

世代 & 觀點

歌手潘越雲曾唱紅一首閩南語歌「純情青春夢」。它把屬於時代的一種顛覆性，強烈的表現出來。一般而言，傳統閩南語流行歌曲都是女人苦苦的等候男人，然而這首歌卻說「送你到火車頭，轉頭阮要來走。親像斷線風箏，雙人放手就愛自由飛。不是阮不肯

時代的觀點 & 時代的現況

台灣每四對夫婦中就有一對離婚，而沒離婚的三對，婚姻美滿的也不怎麼多。

等，時代已經不同。查某人（女人）嘛有自己的想法。……甘願是不曾等，較贏等來是一場空。想來想去，不凍辜負青春夢」這首閩南語流行歌造成了閩南語樂壇革命，因為它唱出新時代女性的看法。站在火車站頭痴痴等候男人回來的女人不再被稱頌，爽朗灑脫的女人才是時代女性。這種觀念的改變更是進入了現代社會。新時代的男女婚姻出現問題時，多半也不想努力解決。就像歌詞說的「想來想去不凍辜負青春夢、青春夢。阮兩人相欠債，你欠我有較多。歸去看破來切切較實在。」於是婚姻中一些衝突、個性不合、婆媳問題、外遇問題，就也「歸去看破來切切較實在」。而這種「歸去看破來切切較實在」，有些人是付諸行動，到法院辦離婚；有些人則是處在一種類似離婚的分居生活，表面上沒有簽署離婚證書，但實際上是過著分居的生活。曾有資料顯示臺灣四對夫婦中就有一對離婚，而另外沒離婚的三對，據調查婚姻美滿的也不怎麼多。廣播公司ABC（American Bread Company）曾報導美國離婚率為世界之冠，在一九九五年有兩百四十萬對結婚，同時也有一百二十萬對離婚。

　　過去許多年來，高離婚率已經成為西方社會生活中

司空見慣的事情。不過，動輒離婚的現象已經不僅僅侷限在西方。臺灣地區就對不斷上升的離婚率非常關注，還專門通過新條例，讓所有的年輕夫婦免費上課，學習如何建立美滿幸福的婚姻生活。

與過去十年的臺灣相比，今天的臺灣，離婚率上升了一倍，每十對新婚夫婦中就有一對在結婚不到一年的時間內離婚。而總體說來，每四對夫婦中就有一對以離婚收場。面對臺灣社會中離婚率日趨上升，政府希望能通過婚姻輔導來找到解決問題的辦法。政府安排讓每對年輕夫婦免費上課半天，授課內容應有盡有，從如何化解夫妻意見不合，到如何處理性生活不和諧……等等問題皆有。

在現代，臺灣地區的民眾對結婚和離婚的態度發生了很大的變化。今天的臺灣年輕人，不再僅僅為了讓雙方家庭高興才結婚。他們拋棄了過去的觀念，不打算彌補雙方的裂痕，為了社會責任共同生活。而是像西方

的年輕人一樣，他們所希望的是有愛情和浪漫情調的婚姻。但是，這並不是從幾個小時的婚姻輔導課上就能學到的。

圍城內外 in and Out

城裡、城外雖是完全不同的風貌，但所要領略的功課其實是相同的，那就是操練出「隨事隨在，我都得了秘訣」的情操。

　　婚姻像圍城，城外的人想衝進去，城裡的人想逃出來。有時結了婚的人也會很懷念單身生活的自由自在，妄想著逃脫婚姻的桎梏；可是還是有不少未婚男女，非常嚮往婚姻生活呢！

♥ 圍城外的羨慕

　　「下班之後，我的時間多得不知如何安排，總不能每天都去逛街、看電影吧！何況能陪自己逛街、看電影的朋友也越來越少了……。」

　　「看著走在我前方的那一對男女，與我的孤單形成強烈對比，突然想哭，向神抱怨：你所預備的那一位，到底在哪裡呢？」

　　「從未想過會害怕別人在自己面前提及婚

姻、家庭等等字眼，『我還沒結婚』，曾幾何時竟成為我最難以啟齒的一句話。」

以上這些都是我聽自一些過了年紀仍未結婚的朋友的內心話，話中似乎顯示「婚姻」是解決寂寞、孤單、羞恥並獲得安全感與享受照顧的良方。

♥ 圍城裡的吶喊

「下班時，單身同事離去的背影清爽亮麗，讓我這個身材有點臃腫，並且滿腦子想著如何接孩子、煮晚餐的婦人，湧出一股羨慕之情，暗暗自忖：還要多久，我才能再度尋回那份瀟灑？」

「結婚幾年，我驚覺地反問自己：身邊的這個女人到底是誰？我為何要與她一起過日子？」

「再也沒有甚麼比婚姻生活更令人感到被侵犯與剝奪了，婚姻制度其實是有違人性……。」

如果結婚多年的人夠誠實，並經常內省，便不得不承認對上述這些內在的吶喊並不陌生。對圍城裡的人而言，感覺被囚困、自由遭受剝奪，都是婚姻生活的寫照。

若從另一種眼光來看，城裡城外雖是完全不同的風

貌，但所要領略的功課其實是相同的，那就是操練出「隨事隨在，我都得了秘訣」的情操。因此若不從同理心的眼光來檢視各樣經歷的深刻意義，便會盲目迷失於「柴米油鹽醬醋茶」的生活瑣事之中。

男女一旦走入了圍城，才發現原來婚姻生活的原貌。在三十五歲以下離婚的年輕一族中，他們對婚姻、對家庭的理解還很不成熟，一旦進入婚姻這座「圍城」以後，才發現婚姻帶給他們的不完全是快樂和浪漫。做戀人時看到的都是對方的優點，成為夫妻以後，在面對實實在在的家庭生活及處理家庭關係的過程中，雙方的矛盾逐漸產生，彼此的缺點也就暴露出來。這些年輕人在對待離婚問題上，大都採取快刀斬亂麻的方式，一旦發現現實的婚姻與自己所追逐的、夢想的理想婚姻截然不同時，他們便果斷地採取離婚的方式，來結束短暫的婚姻。

人生有獲得，就有失去。在婚姻裡，我們得到與人相依為伴的親密、溫煦與幸福，

卻失去了獨身的快樂、自主和自由。這就是愛與婚姻的代價！婚姻是人生中操練愛的學校，因此磨難與試煉是理所當然的；可惜許多人還沒認識到這點就盲目衝進婚姻的圍城中，等發現滋味不妙，又突圍似地一心想衝出去。五四時期許多知識份子將婚姻的不幸全歸咎於「父母之命，媒妁之言」的包辦式婚姻，但今日社會結婚越是隨意，離婚也越是頻繁；可見「有情人終成眷屬」不是幸福婚姻的保證，婚姻不幸的原因也不在別的，而是人自身根深蒂固的罪性。若不看清自己遇事推託諉過的本質，若不願在婚姻的學校中操練愛的功課，是不可能有幸福可言的。

我想世上沒有十全十美的婚姻，更沒有零煩惱的獨身生活。有人寵愛和照顧很幸福，有人分享人生，生活不覺得寂寞；可是相對的，也要失去一些東西。如果我們真的想飛翔在自己的天空，快快樂樂做自己，就必須獨自承擔現實生活的壓力，以及忍受一個人生活的孤獨與寂寞。

完美的婚姻還是值得去追求與付出，只是要先有心理準備，知道自己將要面對的，還包括彼此的差異、妥協和束縛。在婚姻生活裡，容忍比自由更重要。結了婚

之後，自己就真的只剩一半，有時比一半還少，若是要堅持保留百分之百的自我，婚姻就肯定不會幸福，也很難維持下去，也許這時的自我，也只有走向離婚一途吧！

一個好的婚姻，它的帳戶應該有提有存、而且餘額是越來越多，反之如果帳戶只提不存，一旦餘額低於開戶基數，就隨時有被結清的可能。

女怕嫁錯郎、男怕娶錯妻

這年頭婚姻越來越難維持了，以前是七年才有一癢，而現在婚姻能撐過二年就要感謝前輩子的修德，如果能五年不變，大概就算是有緣了。許多以離婚收場的怨偶，不是怪自己「遇人不淑、識人不清」，再不就是「個性不合」，或因「這不是我要的婚姻」，而無法繼續生活。

的確，相愛容易相處難，婚姻與戀愛本就存有許多差異。「戀愛看的是對方的優點」，而「婚姻卻是要包容對方的缺點」。所以，在沒看清楚對方的缺點之前就

步上禮堂，到頭來才怪是「個性不合」，恐怕自己也得負很大的責任。

所以在決定要不要嫁（娶）給他之前，應該先問自己：我愛的是他哪一個部分？這個部分是他的全部嗎？同樣地，在決定要不要離婚之前，也應該先問自己：我討厭的是他的哪一個部分？而這個部分是他的全部嗎？

如果認為自己是因為「眼睛被牛屎黏到」，才嫁（娶）錯人的人，在選擇結束婚姻之前，更要加倍反省，自己會不會又看錯了？可惜的是，似乎人們很少能從經驗中學習，總認為自己當下都是對的，能自覺反思的人太少了。其實，沒有一個人是完美的，也沒有一個人是故意不完美的。

生長自不同環境的二個人，無論心靈如何契合，都難免會有衝突。與其說緣份是在於遇到一個能讓自己欣賞與被欣賞優點的人，倒不如說緣份在於找到一個能讓自己願意包容與被包容缺點的人。戀愛，或許是一

個尋覓與配對的過程，但婚姻卻是一個學習與調適的過程。以戀愛的心態來看婚姻，自然是怎麼看怎麼失望，很容易將自己的痛苦建築在別人身上。

那麼怎樣才是正確的婚姻觀念呢？這沒有一套標準答案，每個人有每個人的見解，別人適用的，自己未必適用。不過我們也可以試著歸納幾個共通點，來讓自己對婚姻不至於有不切實際的期望：

婚姻不是用來改變對方的工具

許多人總認為結婚之後，他就會為我改掉壞習慣、更包容我，或是安定下來、不再三心二意。孰不知「江山易改，本性難移」，即使他肯為你改變，但過不了多久又會回到本來面目。

所以別說：「為什麼他不再是當初為我改變的樣子，是不是他不再愛我了」，而要自問：「我是否還維持讓他改變的動力？」婚姻是二人結緣的開始，也表示二人在許諾的那一刻是願意將心門之鑰交給對方的。但如果二人就因此以為不必做任何努力，王子與公主就可以過著幸福快樂的日子，那實在是做夢。

有這樣想法的人，即使與下一個男（女）人有了新的婚姻關係也不會更好。所以當你說「他不適合我」的

時候，請先問：「我做了什麼努力讓他適合我？」當你說「他不再愛我」的時候，請先問：「我做了什麼努力讓他繼續愛我」。

當你說「他讓我無法忍受」的時候，請先問：「當他做出讓我無法忍受的事時，我是否曾讓他知道我的感受？」

婚姻建立在溝通，離婚是因爲溝通不良。

要維繫一段好的婚姻並不是不可能的，但關鍵不在於你是否夠幸運能遇到一個不會有問題的伴侶，而是你是否能在相處的過程中學習溝通與成長，化危機爲轉機。所謂的「溝通」，不是要你說服對方順從你的想法，而是要瞭解對方的想法，並找出異同之處，對相異的地方，互相包容。而「成長」，也不是要一味指出對方的缺點要求他改變，而是要接納對方所指出自己的缺點，從改變自己做起。

就是因爲試圖在婚後改變對方，卻又未能成功；且經過長期生活習慣的調適失敗，

形成冷戰，在不願意、不想溝通的情形之下，離婚則是最後途徑了。

結婚就像是到銀行開帳戶一樣，一開始會先存一筆款進去，表示對彼此的承諾。日後若遇到爭吵或抱怨，就像是從帳戶提出款項；而如果有些感動或喜悅，就像是存款進去。一個好的婚姻，它的帳戶應該有提有存、而且餘額是越來越多，反之如果帳戶只提不存，一旦餘額低於開戶基數，就隨時有被結清的可能。大部分會走到離婚之路的人，都是因為缺乏危機意識，沒有時常去Check餘額與定期存款。

「離婚，是另一種人生的無常吧！」不是非有什麼十惡不赦的人，不共戴天的事，才會讓一樁姻緣毀滅，只當「緣分盡了」，天大的不愉快，日子還是要過下去的，那麼，離婚不過就是放了彼此一馬！

販賣婚姻神話 v.s. 幻滅的假象

婚姻可以提供患難與共的親情,而非風花雪月的愛情。愛情與婚姻並非完全不相容,而是有本質上的差異,在踏入婚姻之前,人們必須看清這點才能做選擇。

近幾年有許多知名作家皆因外遇離婚了,以往建立的「美滿婚姻」形象,也因此從現實中化爲神話。誠如蕭颯的名言「外遇是沒有創意的」,許多鬼點子特多、口才俏皮的作家,在說明離婚的處境時,竟然了無新意,捉襟見肘,處處鑿痕,並特別強調離婚理由是「個性不合」。叔本華有句名言:「愛情是補償作用」,我們之所以會愛一個人,絕對是因雙方差異大,而非同質性高,否則怎麼會「天雷勾動地火」呢?

其次,又強調一次只愛一個,絕不會亂來。但外遇就是外遇,不會因爲與外遇眞心相愛,便顯得理直氣壯。婚姻不是靠愛情維持的,而是忠貞、倫理、道德,一次或是多次外遇都是違反婚姻的基本義務——忠貞。

對婚姻而言，背叛的不是他的配偶，而是他自己建構的婚姻論，更是他自己的信念。

　　事實上，根據八卦雜誌或報紙查證某位作家離婚的原因，是在婚姻中有外遇，而非離婚後才與非配偶的對象交往。而直到離婚後，作家妻子才發現她是最後一個才知道真相的人，女人的賢慧、能幹與識大體，竟被外人解讀成是故示大方，演戲給外人看，孰知作家賴以維生，自己卻嗤之以鼻的那套經營婚姻的浪漫與愛情的忠實信徒竟是他的前妻。

　　我常常想，那些大談如何經營婚姻，或現身說法自己婚姻幸福的人士如何度過自己忙碌的生活，有時是否為自己的婚姻捏把冷汗，他們不是太聰明，明瞭這是個賣點，現代夫妻追求的福音，所以才把那些連自己都做不到技巧來販賣給渴望秘笈的人。或是他們太笨，根本不知道這條路多坎坷，才走過一段坦途，才經歷一些小風小浪，便向世人炫耀自己維持婚姻的本事。

　　古人說過婚姻之道愚夫愚婦可以維持，但聖人卻難為。多愁善感，追求浪漫的文人是不可能在婚姻中找到愛情的，婚姻可以提供患難與共的親情，而非風花雪月的愛情。

愛情與婚姻並非完全不相容，而是有本質上的差異，在踏入婚姻之前，人們必須看清這點才能做選擇。但問題在於你我皆凡人，永遠是得隴望蜀，這山還望那山高。

打破自己塑造的婚姻神話作家，曾在爆發離婚消息時告訴他的聽眾和讀者不要因他做不到，便認為他講的話沒價值。然而能塑造婚姻神話的幕後推手，卻無法理解芸芸眾生要的並不是「作者的宏論」，而是「難得的典範」！

的確，臺灣社會仍有許多對離婚的刻板印象，但社會在變，女的法官、政治家、學者……一直在增加，反抗歧視的聲浪也一直加大。婚姻的確是不容易的事，尤其在這一代的年輕婦女身上，已擁有自主的意識卻必須在傳統社會觀念的陰影下求生，離不離婚應該是對現在婚姻生活的考量，至於，對離婚的歧視，是另外一個終究會被推翻的議題，無論是女人或是男人，都不應該擔心這個問題而繼續留在扭曲自己的環境中。

時代的女性，時代的婚姻

「離婚吧！」開始時是意氣用事的成分多，說說而己，然後變成了真。

近年來，在婚姻的糾紛個案中，越來越多的妻子主動提出離婚。這種決定需要很大的勇氣。是什麼原因促使她們這麼做？而丈夫會有什麼反應？

其實在一般情境下，男女雙方都願意為孩子作出犧牲，但女性為子女作出犧牲的意願會更大。因此，當事情再也沒有挽救的可能時，那情境一定是非常嚴重的。

但是，令人驚訝的是，這些由女性提出離婚的個案裡，許多婚姻關係都已經過

一段相當長的時期，最久可能長達二十年以上。也許正因爲那麼多年的婚姻，孩子都長大了，也都能照顧自己，女性這時選擇離開，其立意之堅決，是感到多年來所累積之怨恨，再也沒有忍受的必要了。其實，她們並不容易去下這個決定，一方面她們有傳統觀念的壓力，但另一方面她們又有堅決的醒悟。離婚不是爲了要另尋新機會，她們只是不願把生命再浪費在她們認爲沒有意義的婚姻裡面。

愛得不多就分手，有人覺得離婚就是婚姻的一部分，就看你怎樣對待它；就如村上春樹在《挪威的森林》裡說：「死並不是生的對立，而是生的一部分」。「離婚吧！」開始時是意氣用事的成分多，說說而已，然後變成了眞。

現代人對離婚見怪不怪。離婚率高未必是件好事，但至少說明一件事，那就是有能力並有勇氣對自己的情感做出決斷的人越來越多。而在幾十年前，離婚者被視作怪物，

現在看來，實在有些不可思議。世代不同，情感不同，情感所遭受的命運也完全不同。讓我們為呼吸著今天公平而人性的空氣慶幸吧！

　　其實正在思考離婚的人們，可以藉著「PEACE」方法來解決目前所遭遇到的瓶頸與問題，而得到很好的效果。所謂「PEACE」是代表你在思考離婚時，會經歷五個階段的英文縮寫。它們分別是問題（problem）、情緒（emotion）、分析（analysis）、沉思（contemplation）、平衡（equilibrium），透過這些步驟，可以讓離婚者或思考離婚的人們在心靈上得到最佳的寧靜，並且帶領其心靈進入平衡的境界。

　　太過壓抑自己、委曲求全，不是好辦法。面對這樣的社會轉變，以及種種受困於婚姻制度的女人，我們必須重新思考婚姻之於兩性的意義，女性有時候為了家庭犧牲奉獻，因此在生活中應稍留空間，學習自主。替人著想、善解人意，固然是一件好事，但往往失去自我，長久下來，真怕精神上會負荷不了，所以建議妳有時不妨替自己想想，與自己的先生溝通溝通！其實婚姻也只是一個人的生命歷程中的某一段起與落的過程罷了，如同其他歷程一般自然，既然想不透就Let it be！順其自

然吧。

在這二十一世紀初，全球女性意識抬頭，女人開始體認到所謂傳統的歸宿，有時是一個泯滅自我價值的桎梏，沒想清楚就被安排著進入婚姻生活，停止了自我探索和成長，自己不幸福，周圍的人也不見得快樂。所以，女人們勇敢地提出離婚，一肩扛起家庭與經濟責任，獨立之路雖然辛苦，但是重新發現自己的新生命，這樣的代價仍然值得。女人脫離婚姻的桎梏後，如同自由的小鳥展翅高飛，隨心所欲。她很清楚自己在做什麼，也知道自己想做什麼，或是如何善待自己，所以才有勇氣離婚，畢竟整個社會對離婚的女人並不厚道，連帶地也歧視在單親家庭中成長的孩子。離婚的女人並沒有做錯事，不過是選擇了另一種生活方式，就如同當初選擇結婚一樣，不是嗎？

情深緣淺的現代婚姻

「曾經擁有」是一份瀟灑，是一份輕鬆；「天長地久」是一份奉獻，是一份沉重。其實，人們在追求那份瀟灑和輕鬆的時候，對真情真義的渴望從未泯滅過。

現實中的婚姻似乎總是俗務纏身，缺少詩意的。

可是，婚姻的本質是浪漫的、詩性的。那麼，問題就變成了：是真正的婚姻在現實中難以存活，還是現實中沒有真正的婚姻？米蘭・昆德拉（Milan Kundera）在其代表作《生命中不可承受之輕》（The Unbearable Lightness of Being）中說道：

「愛意味著解除強力。」

「我們無法明白自己要什麼。因為人的生命只有一次，我們既不能把它與我們以前的生活相比較，也無法使其完美之後再度來過。」

「所有的情人都是從一開始就無意識地建立起他們

的各種遊戲規則，而且互不違反。」

「一個沒有答案的問題就是一道不可踰越的障礙，換句話說，正是這些無解的問題限制了人類的可能性，描劃了人類生存的界線。」

有一些愛情故事之所以感人，是因為人們看到了以一種克制、犧牲的方式去尊重對方，成全愛情，這是人性中能夠最接近神性的一面。然而在現實中這是很難實現的，而這種愛也是令人向上提昇的原因。

大家都忙著找情人，王子、王妃和市井平民，誰沒在行動？誰沒在想辦法？有權力的人利用權力製造情人，有錢的人用錢購買情人。一九六五年八月八日，一名自稱「最後的牛仔」，五十二歲的《國家地理雜誌》（National Geographic）攝影師羅伯特（Robert），來到愛荷華麥迪遜郡為該社拍攝一組古舊的有篷大橋照片時，邂逅當地一個四十二歲的已婚農婦弗郎西絲卡，兩人爆發出一段相聚不過四日，卻延續了整整二十四

年的婚外戀情。《麥迪遜之橋》是一部總能令我心動的影片，既爲羅伯特和弗朗西絲卡那份「不論你活幾生幾世，以後永不會再現」的愛情，更令他們一生苦苦的守望。《麥迪遜之橋》的故事令我感受最深的，是承諾的份量！它使我知道了，承諾的份量常常是要用眞情眞義乃至生命來掂量的。「曾經擁有」是一份瀟灑，是一份輕鬆；「天長地久」是一份奉獻，是一份沉重。其實，人們在追求那份瀟灑和輕鬆的時候，對眞情眞義的渴望從未泯滅過，否則，他們怎麼會爲《麥迪遜之橋》灑下那麼多的淚水！

據說文學作品中優美的愛情，在日常生活中一推廣就變成了污穢。也許，愛情是人心思中最深、最細膩、最複雜的東西，根本不能在現實中曝光，一但曝光就會被污染、扭曲。也許，現實中神性太少而自私太多了吧！

但是，如果連文學作品裡也找不到愛情與婚姻的美，那是多麼大的悲哀，多麼捆步的前景啊！

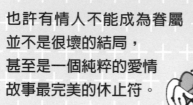

也許有情人不能成為眷屬
並不是很壞的結局，
甚至是一個純粹的愛情
故事最完美的休止符。

愛竭而分手，
情盡而他奔

　　古代的人容易的是有情，在牆頭邊、在騎馬時的匆匆一瞥就夠了，難的是成為眷屬，因此有梁祝那樣淒婉的故事；現在的人成眷屬很容易，難的是有綿延長久的感情。有的勞燕分飛如棄蔽帚，有的同床異夢懶得離婚。

　　兩情相悅的最好結局，應該是終成眷屬。可是成了眷屬以後，卻免不了由空中跌落地面。開始瑣碎、平庸的日常生活，婚姻詩性的光環不可避免地要黯淡下去，有時甚

至在種種外力作用下走向婚姻的負面中。那時，在失去所愛之人的同時，也失去了對愛的信念。所以，也許有情人不能成為眷屬並不是很壞的結局，甚至是一個純粹的愛情故事最完美的休止符。

現代的人對於婚姻的價值觀已經與現實妥協了，人們甚至自覺地不再幻想自己可以擁有浪漫的傳奇，就連正在戀愛、準備結婚的年輕人也把現實的技術性操作置於詩情畫意之上。詩情畫意都停留在一幅幅婚紗照上面了。

現代人的愛不再是「心悅君兮君不知」的無奈，不再是「紅樓隔雨相望冷」的無奈，不再是「侯門一入深似海」的無奈，不再是「過盡千帆皆不是」的無奈。那都是愛而不得，相愛不能相守的無奈。

現代人是放不下利己的算計，即使在要愛的時候。可是恰恰忘了一件事，愛情這件事是不能懷著利己的願望、通過利己的努力而實現的。一個人不可能不付出什麼、不放棄什麼、不奉獻什麼而能夠進入愛情之中。愛情要的是一個人對它完全的臣服，付出感情，放棄功利，奉獻全部，從而在愛中完成自己。所以現代人愛的無奈就變了味，所欲太多，不能忘我，一味現實、理

智、功利之後，發現收穫的只是虛空，又不能或不敢改變自己。特別渴望愛又沒有愛的能力，這就是現代人的無奈。

愛情不一定要完滿，但要純淨，以愛為目的、為滿足。不一定要悲壯，但要優美。不一定要轟轟烈烈，但要刻骨銘心。否則它就不值得人們為之獻身，否則也就不是真正意義上的愛情。現代人往往這樣為自己辯護：「不是我不願無條件地付出，而是遇不上那個能讓我這樣做的人」。的確，愛情是可遇而不可求的，如果我們堅持愛的理想，拒絕淺薄、虛偽的「愛」，我們也許會付出終生孤獨的代價。

離婚本是兩個人情感世界的崩潰，是夫妻雙方愛竭而分手、情盡而他奔的正常結果。如今「離婚」再也不是什麼令人難堪的字眼，它早已成為每個公民應有的權利，既受到國家法律的保護，也愈來愈被全社會所理解和接納。為此，大城市乃至鄉村，離婚率都在急劇上升，而在離婚的女性當中，有

80％並不想要再婚，恐怕在你我身邊也不乏這樣的離婚女性朋友吧！

　　年輕人越來越重視婚姻的內容而不把形式看得過重，不願再接受無愛的婚姻，愛來則合，緣盡則散，不願為掩護婚姻關係之名去忍受長期的痛苦，因而離婚率歷年有所上升。有人把這種情況看作是一件大壞事，但實質上這是婚姻的一種文明和進步。這種文明和進步使得「娶你，但不一定愛你」這種婚姻關係越來越難以成立，但它不能防止婚姻的欺騙性和愛的蛻變。要想獲得有愛而又長久的婚姻，婚前既要審慎，婚後也要不斷注入新的愛的內容，萬不可以結婚為終極目的，以為結了婚便平安大吉。而離婚是因為「情深緣淺」嗎？我想未必吧！

美女or老虎，
妳送給配偶哪一個？

「不在乎天長地久，只在乎曾經擁有」
珍惜曾經擁有的，過去的就讓它過去吧！
讓自己的心真正自由吧！

如果你所深愛的人想要離開你，要與你離婚，你是選擇他變心，或是死亡會來得好一點？

這個問題讓我想到年前，我有個親戚，先生變心，想要與她離婚、協議分手。剛開始的幾個月，她哭的亂七八糟地不成人形，

因為一切太突然，於是消瘦了三、四公斤，後來她跟我說了個別人告訴她的一個小故事，那就是史達科頓的「美女還是老虎？」，她說：「當時我整個人空空的，別人想要安慰我也無法勸我，於是我的朋友告訴了我這個故事，當時我心想，反正聽她說說話比較不孤單。」

故事說很久很久以前，在一個未開化的國家，裡面有個圓形的競技場，國王審判犯人的方式就是在競技場內一扇門關老虎，一扇門關美女，一切交給老天爺決定，國王相信如果犯人無罪，他應該會幸運選到美女，選到美女的人，可以帶美女遠走高飛過幸福的日子；選到老虎的人就會被老虎咬死。

國王有個美麗的女兒，偏偏愛上一個平民青年，國家規定王室跟平民相戀是有罪的，所以國王發現後憤怒不已，把這名平民抓到競技場。同樣的，一扇門內關了老虎，一扇門內關了一位美女，這樣無論他選擇哪個門都不可能再與公主在一起，這樣國王就可以放心了。

全國的人們湧入競技場觀看，國王在場，公主也在場，公主事前就運用她的眼神，這位平民青年知道公主一定知道兩扇門後面的秘密，他渴望公主給他一個方向，導引他一條明路，而公主已經知道哪一扇門後面是

老虎，哪一扇門是美女。她蒼白著臉站在看台上，青年望了望公主。公主在心裡掙扎萬分，她認識門後的美女，那是宮中最美麗的女僕，她無法忘懷與平民青年相愛時的點滴，無法接受他與美女遠走高飛，重新生活，卻也不願看到心愛的人死亡。

　　所以她想了很久，終於微指了右邊的門，青年於是慢慢走向了右邊那扇門，所有人都屏息以待門打開的結果，公主此時緩緩的走出競技場⋯⋯。

　　故事結束了，我的親戚問我說：如果你是公主，你會選哪扇門給他？

　　這個故事給我的衝擊好大！我反過來問我的親戚：「那你選什麼？」；她告訴我說，當時她只記得她是這樣回答她的朋友的：「我選⋯⋯我選⋯⋯，美女」。她的朋友馬上就告訴她說：「那就對了，妳很善良啊。」

　　這時，我仔細地端詳著她的臉，她繼續說：「我曾經懷疑過自己是否真的善良？我

善良嗎⋯⋯我不知道⋯⋯我只知道離婚造成難過一定會有的⋯⋯，一年很難過，五年很難過，十年、二十年、五十年，總會、總會原諒他的⋯，我總會原諒他的。總會的⋯⋯」。

　　我會永遠記得這個故事，我問過好多人，選老虎還是美女，除了我的親戚跟我一樣選美女之外⋯⋯，其餘的人幾乎都是選擇老虎。

　　你呢？你選美女還是老虎？這是一個永遠沒有對錯的答案，當我們的婚姻不再存在擁有時，也許是該說再見的時刻到了，曾聞：「不在乎天長地久，只在乎曾經擁有」，也許真的是該放手的時刻到了。珍惜曾經擁有的，過去的就讓它過去吧！讓自己的心真正自由吧！

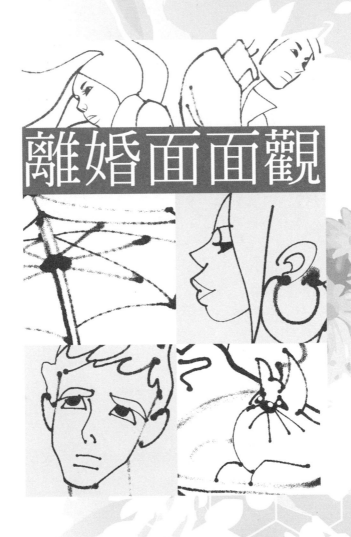

離婚面面觀

男/女認知大作戰

男人的成就是來自於事業的發達與社會地位的提昇，但女人生命的原動力則是來自另外一半全心的疼愛。

以下是將男人與女人對感情與婚姻的認知差別列舉一二，也許不能表示所有的男人或女人都是如此，但卻也涵蓋了許多男男女女的心聲。

♥ 愛情是女人的全部，但在男人的世界裡，愛情卻只是男人的一小部分。

整天浸淫在浪漫愛情裡的人是沒出息

的，因爲男人的成就是來自於事業的發達與社會地位的提昇，而不是靠另一半的依賴！

但女人生命的原動力則是來自另外一半全心的疼愛，爲此女人會願意爲他做出任何犧牲。

所以女人常失望於男人無法將她擺在第一位。不僅次於事業，有時還次於朋友；而男人則受不了女人一天到晚要他證明自己是愛她的。

❤男人在乎關係、女人在乎感覺。

男人追求女人的目的在於「確定關係」，而通常在追求的過程中男人是將女人放在第一位，也會表現出自己最好的一面，以求芳心；但只要關係穩定，追求的活動就會減緩，甚至停止，頓時從高峰跌到谷底。男人的浪漫始於一見鍾情，止於互訂終身。

女人願意接受男人的追求，是因爲「感覺」很好，而唯有持續好的感覺，女人才可能決定關係。一旦好的感覺不再，關係也就不再了。女人的忠貞始於互訂終身，止於心灰意冷。

男人的危機意識來自於「關係」動搖，這是爲什麼男人最忌諱的是女人的背叛「關係」，一旦他認爲被戴

上綠帽，嫉妒的怒火會讓他失去平日的理智，無論學歷高低者皆然。

女人的危機意識來自於「地位」降低，這是為什麼女人最在意的是自己不是另一半的「最愛」，一旦她認為有別人比她更值得老公的注意與關心，再文靜的小女人也會有驚人之舉的。

所以女人只要讓男人面子上掛得住，一切好談；男人只要讓女人感覺窩心，也會既往不咎的。

❤男人視婚姻為接受義務、女人視婚姻為讓予權利。

男人決定結婚，意味著從今以後將照顧她一輩子。（但不一定一輩子只照顧她，偶爾也可能會「照顧」別人，因人而異）。女人決定結婚，則意味著將打開心門之鑰匙交給那個男人，只接受他的感情。但如果拿了鑰匙卻不開門，鑰匙就會收回來。

男人用忠心不二來表達愛，用供養來延

續關係。女人是以為愛犧牲來表達愛，靠的是感動來灌溉感覺。大部分男人的敏感度早在結婚當天就殘障了，除非他感到有危機才會再度復活。而女人要的只是被捧在手心上疼愛的感覺，不是真要男人捨棄江山，男人何必吝於甜言蜜語呢？

❤男人的溝通靠「說」、女人的溝通靠「感受」。

　　男人認為有不滿就要說出來，對方才能知道，不必猜來猜去；而如果不把不滿說出來！對方便無從改善，所以表達不滿是為了點醒對方、解決問題，是一種善意溝通的橋樑。

　　女人是不習慣有什麼不滿就發洩出來的，往往為了不想破壞感覺與關係，多半會先採容忍的態度。

　　女人也不習慣用言語來表達情緒，女人認為如果男人真的在乎，就不會一點都察覺不出女人的不滿情緒，即使沒說出來也該知道；但如果男人不夠用心，說出來就有可能會發生危機，男人要求要先溝通，才會有好的感覺；女人要先有好的感覺，才願意溝通。夫妻溝通最大的障礙在於出發點不同，又不肯屈就對方的想法，最後的結果是連溝通的意願也沒有了。

♥男人常把女人的抱怨當「故障報修」來排除，女人則常把男人的抱怨當「移情別戀」來象徵。

男人總把女人的抱怨當作是對自己缺點的不滿，以為只要將這些缺點改掉，就可以解決問題，關係也就可不受影響。女人常把男人的抱怨當作是「不再愛我」的象徵，然後便開始懷疑是否自己「媚力不再」，或者懷疑對方是否有了新歡。

但其實男人的抱怨常只是就事論事，並不是在嫌棄。男人的無知在於以為行為的改正可以挽回女人受創的感覺，其實撫平傷口最有效的方法是創造一個甜蜜的感動，而不是誓言下不為例。

而女人的天真在於以為把自己打扮得像朵野花就可以讓男人不會去摘野花，其實有時男人的喜新厭舊不是真的想另起爐灶，而是想證明自己還有人要。此時，越是一哭二鬧，反而適得其反。男人和女人天生在感情世界的行為模式就是不同的，當男人在婚後

熱情冷卻、由浪漫轉為理性生活的同時，女人卻才開始
打開心門準備享受浪漫。

　　如果因此對婚姻失望的人是一級笨，因此而認為換
一個男人（女人）會更好則是超級笨。除非這輩子你都
不再相信婚姻，否則與其去等待上帝會帶給你奇蹟，還
不如學會認識男人（女人）與真正的溝通方法吧！

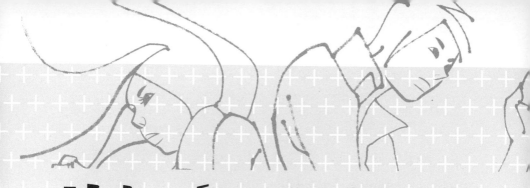

「性」不「性」福，很重要！

**過去中國人只懂得談戀愛，現在不但要會
戀愛，而且還要會做愛。**

多少個世紀以來，以羞澀著稱的傳統中
國女子從不敢奢談性高潮。在黑暗中摸索了
幾千年，她們如今終於從各種媒體上懂得了
「高潮」、「快感」，並且設法獲得它。我認
為，二十世紀九〇年代末期的中國女性很突
出的一個進步就在於，她們敢於在性滿足、
性體驗方面追求和男人一樣的平等。渴望性
高潮是中國女性的巨大轉變，她們再也不滿
足於「被動的狀態」，而是在追求性生活的質
量。兩岸四地（大陸、臺灣、香港、澳門）
近年來離婚人數的增加，其中性生活得不到

滿足也是離婚的原因之一。

今天，在中國大陸地區許多城市的醫藥商店都有販售提高性生活質量的藥品和工具。站在北京「亞當夏娃保健中心」大門口就可以看到「日神，十元／兩次，延長四十分鐘」。至於這個丸、那個油，有特殊功能效用的，簡直就到了泛濫成災的地步，以致於有關當局不得不規範業者的銷售行為。

過去離婚最流行的理由是「感情破裂」，而今則是「性生活不和諧」。在中國大陸地區近年來的離婚案中，有近四成的離婚理由是因為「性生活不和諧」。過去中國人只懂得談戀愛，現在不但要會戀愛，而且還要會做愛。

據中國大陸地區報紙指稱，根據專家的估計，中國大陸地區目前至少有一成的成年男子患有不同程度的性功能障礙。而實際人數恐怕遠不止此數。但有誰願意公開承認自己性無能呢？於是，「一針就靈」、「金剛不倒」、「還我男子漢威力」的小廣告滿天飛，前幾年在北京城內大街小巷隨處可以見到，在清理市區小廣告後，它們又紛紛出現在城鄉之中，像是趕不走的蒼蠅，隨處都有。

當女兒要去和男友約會時，美國母親的叮嚀是「別忘了帶保險套」，中國大陸地區的母親過去的叮嚀是「早點回家」，而今她們也開始擔心起「保險套」的問題了。近七成的上海未婚女青年承認有過婚前性行為。有了「保險套」，她們就無後顧之憂了。今天，保險套自動售賣機不僅出現在京城街頭，而且開始進入大學校園，儘管褒貶不一，但是銷路還是有的。

　　隨著資訊開放及婦女意識的抬頭，愈來愈多的婦女認為，夫妻雙方性生活無法取得滿足與和諧，就選擇離婚。離婚率在城市與鄉村間的差距縮小了，或許除了觀察此點之外，更值得期待的是人們可以更自由自在的選擇婚姻狀態了。因此，不管人們願意不願意談性，性及相關的一切已經堂而皇之地擺到了中國人的面前。人們需要美滿和諧的性生活，需要科學的性知識，公開地談性已是明擺著的事實。

在彼此都已經確定無法再攜手共度人生時，讓這絲攀勾連的關係、資產，有一個理性、合理、清楚的切割，也未嘗不是一件好事吧？

對不起，我對你/妳沒感覺了

四十三歲的知名藝人胡瓜公開和結褵十九年的妻子秀秀宣佈已經離婚，秀秀說：「看開了，就算了吧！」胡瓜則說，濃情轉淡，和妻子之間像家人一樣，已經沒有激情了，還是離婚吧！

胡瓜與秀秀真正的離婚理由，外人一時當然難以研判，不過，根據行政院主計處最近公布的調查資料顯示，臺灣地區離婚率逐年提高，在九十年時幾乎平均每十分鐘就有一對夫妻離婚，而離婚率最高的階段正是胡瓜所處的年齡層，也就是四十歲到四十九歲這個年齡層，離婚率達7.9%。

一般來說，這個年齡層的人正從前中年期進入中年期，工作了十來年，也許已升遷到中高階主管，十多年的婚姻生活下來，家庭生活已經有一定的模式，孩子也已離手，不必鉅細靡遺地照顧了。照說人生應該進入一個相對穩定的階段了，接下來的一切似乎駕輕就熟，日

子按部就班地過下去就好了，爲什麼卻要走上離婚這麼一條道路呢？

人到中年，隱藏在穩定中的動盪特別令人不安；變動的渴望蟄伏在看似平靜的生活中，伺機而出。在攜手度過婚姻生活中經濟最困難、前途最不確定的年輕時期之後，許多夫妻這才有時間開始認識伴侶，於是，才慢慢體察出彼此性格與生活習慣的差異。從前忙著賺錢、理家，在明確的、實際的生活目標之下，兩個人可能並沒有太多時間細細觀察婚姻生活與對方究竟是怎樣的一個人，就被生活拖著往前走；當時，倒也能夠相安無事地過日子。

就這樣在囫圇吞棗也好、忍氣吞聲也罷，許多年過去了，兒女也長大了，生活的實際重擔減輕了一些，這兩個人才回過神來好好看了看自己、看了看相守十餘年的伴侶。最困難、最青澀的時間過去了，人生有了一點點小小的成就感，篤定之後就是一種百無聊賴了；再加上人到中年，歲月匆匆而

逝，特別給人一種不安與徬徨：「難道，我的一生就要這樣過去了嗎？」許多人會這樣懷疑。

尤其是，如果這個時候的夫妻生活也走到了一個瓶頸。從前忙著賺錢、持家，可能並沒有注意要去維繫、經營婚姻品質，一心只想到要把生活應付過去，許多年下來，夫妻倆之間興趣漸漸不一樣了，關心的話題不同了，朋友圈子也早已分別獨立了，突然間，兩人發現，彼此之間重疊的部分愈來愈少，需要同心協力的地方也愈來愈少，而且如果雙方都不努力維繫，兩人的生活確實沒有必要非得圈守在一起了。

往前看，共同的責任已經輕了；往後看，激情已經不再了（如胡瓜所言，他與妻子已經年餘沒有性生活了；在仍屬壯年的年紀，不論有沒有第三者，親密關係演變至此，總是婚姻生活中的警訊），兩個人難免就想到了離婚，雖說離婚終歸不是一件值得鼓勵的事，但是，在兩個人的關係還沒有完全惡化，在彼此都已經確定無法再攜手共度人生時，讓這絲攀勾連的關係、資產，有一個理性、合理、清楚的切割，也未嘗不是一件好事吧？

爲了多愛自己一點

婚姻需要經營是一個觀念，
卻沒有太多人認真在婚前仔細想過，
在婚後好好實踐……

　　婚姻的開始很可能就是兩情相悅（剔除掉那些可能奉子女、父母之命而勉強結合的伴侶），想要更緊密的「在一起」，所以通過法定程序，接受大家的祝福，是一樁快快樂樂的事。

　　婚姻的過程很可能波濤洶湧，可能平淡無奇，波濤洶湧可能來自外界的壓力，來自內在兩人間（或一家子間）的齟齬，平淡無奇可能因爲兩人太過無趣，太過類似，太容易厭倦，太不懂得去經營婚姻關係。

　　婚姻需要經營是一個觀念，卻沒有太多人認眞在婚前仔細想過，

在婚後好好實踐。婚姻把兩個來自不同家庭背景、社會經驗、教育經歷的人緊緊的結合在一起，怎麼相處絕對是需要認真考量的，因為牽涉到的不僅是在誰配合誰、該怎麼配合時，權力關係更是在其中發酵，而若沒有仔細思量這中間的關係，就容易會有人感受不平等對待。或許在更早的社會形態中會要求其中一方犧牲自己，來配合另一半，而現在的社會形態下，當兩性要求同工同酬、要求重視平等，要一種性別配合另一種性別，不僅不合理，也不再被接受。

　　或許，許多人更想問的是，相戀的兩人一定會結婚嗎？結婚的兩人一定有愛情嗎？維持長久婚姻關係的兩人還保有愛情嗎？前一陣子有阿公阿媽（六、七十歲了）要求離婚，理由是兒女已經長成，再無後顧之憂，可以為自己想想了。

　　愛情會褪色，生活會磨去愛情的光澤，而努力於經營兩人關係的人將知道，愛情還存不存在，之間的關係還算不算是愛情，這兩者可能是婚姻的充要條件，而非必要條件；能不能相處，願不願意去培養、經營才是婚姻的幸福之道。愛情可能是一種美麗絢爛的煙火，而婚姻絕對需要多花心思規劃，才能永續經營。當愛情褪了

色，生活也將愛情的光澤磨去，雙方都不願再經營婚姻了，離婚似乎是一條必然走上的道路，這時的彼此似乎也開始為自己考量，而且也多了一份想像及思考了。離婚制度是人們為了消解婚姻的方法之一，目的是在消除因不和諧的家庭生活所帶來的社會問題，進而重建新的且較健全的社會秩序，因而認定「離婚」是保障婚姻生活幸福的最後界限，是一件「無法避免」之事。

　　人生如同過客，從出生、上學到出社會，遇到無數的人，來來往往，走到終點時依舊是自己一個人，人來到世上是享受生命過程，過程中有高低起伏，有喜怒哀樂，全因自己如何看待自己，想過如何的生活，自己要什麼生活方式，因為最終的路還是自己要走，我們長大離家奮鬥事業，結婚後自組家庭，孩子長大也會離家，為他的事業奮鬥。如果另一半先行離去，最後還是只有自己，所以人生來時一個人，走時還是一個人，多為自己考慮一分，也就多保障自己的

幸福一分。

　　一對愛人因愛對方而付出一切，當付出和所得無法平衡時，就會出現不甘心的心態，其實，這便是對於愛情預設了條件。我愛你，爲你做這麼多，你怎麼可以不給我相等的報酬？但若是可以調整自己心態，也許兩性之間必須溝通的問題就會少一點。男女之間的問題也許是在於價值觀不同，也許是不夠愛自己，結婚之後，先生／太太以小孩爲第一優先，忘記自己要什麼，自己需要什麼，並且主觀的認定另一半一定知道自己的需求，所以一直默默等對方表示，結果等到分手，對方還是不知道你要什麼。男人總以爲問題是出在女人無理取鬧，女人總認定男人喜歡逃避問題，其實人可以簡單過日子，任何事簡單化，有什麼說什麼，要什麼一切明白說，是否問題會減少一些？

　　即使再好的女人與男人都有可能背叛婚姻，因爲人類畢竟是動物的一種，有一種希望自由的天性，有一種叛逆的天性，畢竟男人與女人都是獨立的個體，二個不同血緣關係的人，因爲愛情與感情（當然還有許多其他因素），所以用婚姻制度、法律制度而在一起，當愛情沒了，感情沒了，這個制度對於信仰愛情的伴侶而言，

也就沒有意義了。這個世界上沒有什麼一定
是在哪一個男人或哪一個女人存在時才活得
下去，即使遇到再大的困難，明天也是一樣
要吃飯、要呼吸，身為現代人，面對生命中
太多的不確定，總要隨時處在備戰狀態——
永遠不放棄充實自己的機會，永遠不吝於自
私地多愛自己一些。也許有人認為自己不可
能那麼倒楣，君不見那些被愛人背叛的人，
往往都是最沒有防禦心的人。能夠事先充實
戰鬥能力，抱持必勝決心，能兵來將擋，水
來土掩。或許現在的人確實應該多愛自己一
點。

我們之間
沒有愛情

沒有了愛，因此選擇了離婚，對於現代
人而言，這是一種趨勢潮流，還是只是
一種藉口罷了。

可能因爲時代不同，離婚也
不如十年前那樣，是社會生
活中的一個敏感話題。社會
看似越來越包容這個花花
世界所衍生出來的許多
現象，人們對於各種婚
姻狀況都顯得不再引以
爲奇了。依此現在離
婚的理由除了第三
者介入婚
姻、性格不

合，婚姻基礎差外，還出現了另外一個理由，那就是「感情淡漠」。

　　曾經有個朋友，在新婚不到兩年時，男方便要求離婚，因為他覺得存在於自己與女方之間的不是愛情。在外人的眼中，女方相當不錯，溫柔賢淑、外型與氣質皆落落大方，而在經濟上，是屬於收入不錯的白領階級，兩人也是自由戀愛結婚，應該過著相當不錯的生活。最終，在這場離婚大戰裡，男方如願以償地離了婚，但他也付出了相當大的代價，父母不容、背棄了自己從前的生活圈，同時也導致雙方對婚姻都失望到了極點。當初，他因責任而結婚，但卻在這場婚姻中，他最終選擇背棄了責任。因為他們的生活只有一個字可以形容——「悶」。兩人在一起，甚少交流，最適合的狀況就是面對電視，電視機成為兩人婚姻的掩體。正印證了一句老話：「婚姻是平淡如水的」。

　　男方在離婚後說道：「其實這樣子過下去，也沒有什麼不好，可是總是不甘心。在

別人的眼中，都覺得她好，她是不錯，我也想對她好，可是我真的沒有那種主動關心她的慾望，跟她在一起就覺得沉悶，今天、明天、後天所過的生活都是一成不變，我不想過這樣的生活。」

沒有婚姻，自己仍然可以活的很好，這是向「婚姻是人生歸宿」的傳統觀念挑戰。生命的依歸，生存的目標，並非只靠婚姻，婚姻絕對不是人生的歸宿。有的人適合結婚；有的人不適合。至於離婚，就好像中途退學，並非表示日後不能復學。而生命、生存的目標並不只是婚姻而已。

單從外表，又有多少人瞭解他們婚姻的實質生活。因為這種婚姻，才會有了「感情淡漠」的離婚理由，也說明了現在對感情婚姻的尊重與包容已經提高到前所未有的高度，從正面而言，是尊重人性，人生有很長的路要走，因為有愛，才會兩個人相扶相持到老。兩個人在一起，相對漠然的婚姻最經不起外力，因為人都是有感情的，很可能有一天，在掩體中生活久了卻突然感受到另外一種空氣，你會發現原來你所面對的人是那樣乏味，你們已經很久沒有爭吵過，於是你開始有種需要另外一種空氣的渴求。

沒有了愛，因此選擇了離婚，對於現代人而言，這是一種趨勢潮流，還是只是一種藉口罷了。

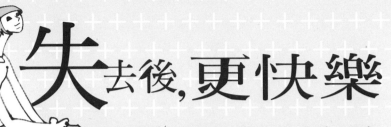

失去後,更快樂

在這個不懂得如何分手、不會說再見的社會裡,好聚好散已成了是一件重要的功課;我們應該要學習如何放手。

曾在美國的除夕夜裡,記者在街頭訪問:過去的一年中,您最快樂的一件事?其中在街頭被問到兩位三、四十歲的女人,她們分別的答案是:和老公離婚。然後,透出燦爛的笑容,那種快樂的樣子一直留給我深刻的印象。

的確,臺灣社會仍有許多對離婚的刻板印象,但社會在變,女的法官、政治家、學者……,一直在增加,反抗歧視的聲浪也一直加大。婚姻的確是不容易的事,尤其在這一代的年輕婦女身上,已擁有自主的意識卻必須在傳統父權的陰影下求生,離不離婚應該是對現在婚

姻生活的考量；至於，對離婚的岐視，是另外一個終究會被推翻的議題。

在一個只強調「牽手」與「擁有」的社會裡，人們是很難學會「失去」與「分手」的。在愛情裡，一旦濃情轉淡，說再見的時刻來到，人們總是那麼的驚慌、無助、絕望、憤怒；因此，當愛已成往事，許多人自悲自憐，潑一把硫酸，毀了曾經相愛過的人，也毀了自己。在這個不懂得如何分手、不會說再見的社會裡，好聚好散已成了是一件重要的功課；我們應該要學習如何放手。

在相愛的時刻，誰能夠想像，有一天，親密的愛人會翻臉不認人，會使用最殘忍的手段？在愛情裡，兩個人熱情消褪的速度很可能是不一致的，一方覺得緣盡情了，另一方卻還可能因為不甘心或者感情未退而不願意分手離婚，這種認知上的差距，往往也就預先埋下了無法理性說再見的伏筆。身為生理上的弱者，不論是自己主動或者被動，女性在面臨分手的時刻，一定要學會好好保護

自己，因為人在感情生變的時候，情緒很容易失控，一不小心，悲劇就上演了。

　　人們在結婚時，常將「白頭偕老」、「永浴愛河」比喻成人生最大目標，婚姻就成了女人的最終歸宿。可是往往在結了婚以後，兩個來自不同家庭的人共同生活在一個屋簷下，彼此才真正的發現，原來現實生活並不如童話故事裡王子、公主一般，從此過著幸福美滿的日子。當衝突、矛盾、不合一一的呈現出來時，在雙方都已水火不容、或有一方已無法忍受之時，與其讓貌合神離的夫妻，終日生活在痛苦仇恨之中，倒不如有一個公平、公正的「離婚」制度，使夫妻雙方能夠好聚好散，透過一定的程序，結束婚姻關係，讓彼此都能早日脫離苦海。

　　根據現行我國臺灣地區的民法規定，離婚制度分為二種：兩願離婚與判決離婚。也就是說，倘若夫妻感情不睦，雙方都體認到婚姻再繼續下去已經沒有意義，那麼好聚好散，兩人可以協議的方式結束婚姻。但麻煩的是，當夫妻感情走到離婚的地步時，往往想散卻無法好散。在離婚的故事中，更常見的戲碼是：有一方覺得夫妻情份已盡，不想再維持婚姻了，但另一方卻怎麼樣也

不肯離婚。對於此，現行民法的解決方式是判決離婚——既然協議不成，那麼就上法院由法官來裁決吧！

　　強迫兩個緣份已盡，情不投意不合的人在一起，難道會比各自單飛好嗎？嗯，也許妳／你會說：情感，這是多麼不可捉摸的東西，即使我耗費許多的時間與精神，但也不能永遠保證對方永遠愛我始終如一，永不變心。但如果，連與他／她朝夕相處、曾經互許承諾的妳／你都不能保證他／她的情感永不變質，那麼，法律當然也不能保證。而且，將一個心已不在妳／你身上的男人／女人，強行留在妳／你身邊一點意義也沒有。對於面臨離婚的人們而言，離婚並不是世界末日，人生的路無限寬廣，對男人來說，學習真愛是無暴力的溫柔相待，讓自己不要陷於暴力的誘惑中，也是非常重要的，畢竟使用暴力的結果，對自己的人生何嘗不是一種傷害甚至毀滅呢？

只懂得接受愛，而不用心去愛別人，未必是真正懂得愛；只因「愛」是雙方面的行動，而不只是單方面的。

三大最常出現的感情危機

對我而言，喜歡一個人，可以很簡單，跟那個人一起，可以很舒服，大家可以是很要好的朋友，甚至發展成無所不談的知己。而要我去愛一個人，那人一定是一個可以跟我分享我生活上的一切，同時可以包容我所有的過錯。當然，要他人能包容自己的同時，要明白很多事不是理所當然的。

愛與喜歡，可能只是一線之差，就是那種難以形容「愛」的感覺。當有了那「愛」的感覺，很容易就會感受到被愛的那種甜蜜。

很多人會問：為何不是先被愛才去愛呢？應該有很多人聽過：「施比受更有福」這句話。當然，愛並不是

施捨。但如果你不懂愛人，又何以知道自己是被愛呢？當懂得用心去愛人，懂得不要把自己的標準自行加在別人身上，懂得包容，就更容易感受到被愛的感覺。

只懂得接受愛，而不用心去愛別人，未必是真正懂得愛；只因「愛」是雙方面的行動，而不只是單方面的。夫妻結婚而後離婚，是先有經歷過愛情這個過程，「愛情」是兩個人認為大家有發展成為情侶、夫妻的可能，希望能進一步了解，能分享大家的生活，甚至會有共結連理的一天。我相信，每對夫妻剛開始的時候，總是大家都有著類似的「定義」才會開始；然而，若有一方覺得大家再沒有發展的空間，因而想離婚的話，請乾乾脆脆，不要說一些不切實際，或一些不負責任的話語，讓對方仍對你保有希望。

說些看似是為他人著想的話，可能比一些直接了當，以為傷害最深的話，更令人痛心。你可知道，在只有一方認知離婚的時候，另一方已經很傷心。你在給他一絲的希

望之後，日後再次親手將這希望摧毀，是多麼的殘忍。

　　請先想想看，你是否還深愛著他／她呢？你當初愛著他／她，選擇了他／她，在結婚的那一刻，那些因素是否仍然存在？答案若是「是，仍然存在」時，那你就要想，那些「不過……」的但書是否就是你新附加上去要求嗎？

　　是否他／她真的沒有努力做過嗎？若剛才的問題答案是相反，那請不要用那些字句，乾脆說：「離婚吧！因為，愛已不存在了。」

　　再者，基本上「愛情」是所有愛中的一項，故在愛情還沒有來臨之前，先培養愛，在被愛之前，要先有愛人的能力。而且愛一個人不是用自己的方式去愛對方，而是用對方所能接受的方式去愛對方，而在被愛之前更要先愛自己，要了解戀愛是要用「談」的，必須先培養自己的熱情，對周遭的人／事／物能有情，有親情，有友情，才能有美好的愛情。

　　另外，要了解婚姻本身就是一種社會行為，不只是兩個人的事，而是兩個家族之間的事，是故，相愛的人未必是最能和自己相處的人，婚姻中的兩個人是要相處一輩子的人，之前必須要判斷是否能和對方相處融洽。

一般而言，由於以下三個原因，所以通常結婚後的頭兩年是最易離婚的時候，要特別注意：第一，彼此理想的破滅。第二，在金錢運用方面的爭執。第三，對於雙方家庭的批評。是故多些了解、判斷、包容就可避免以上的問題。因此，不論我們多麼想要愛人，如果不實際去做，也就無異於我們選擇不要愛，原來的良好動機就此一筆勾銷。

一些婚姻問題專家經過多年的調查研究，發現造成夫妻感情危機的原因大致有以下幾種：

(1)相互間的反感。這種情況表現為，你不要看我，我不要看你，雙方各自為政，互不干涉，對一些必須合作的問題，往往採取旁觀、冷漠、嫌惡的態度。造成這種情況的主要原因是因為夫妻雙方或一方有壞脾氣，把夫妻生活仍舊當作單身漢生活來處理，在各個方面只顧自己，不顧他人，對丈夫或妻子採取一種不合作的態度，不管

說話也好，做事也好，只要自己願意，聽不進任何反對意見，如果對方稍微表示一下反對，便大發脾氣。時間長了，便逐漸出現了反感。

(2)彼此間的不忠實。一般而言，夫妻在結婚前都有一個君子協定，比如說「家務事誰多做一些」、「家庭經濟收入如何處理」、「個人的交際活動互不干涉」等等。但若夫妻的一方不遵守或破壞諾言，那麼婚前的海誓山盟，就會付諸東流。日常生活中，有的夫妻雙方互相隱瞞自己的收入與開支；有的夫妻在家務勞動上互不守諾言，彼此欺騙；也有的夫妻私自與異性朋友過往甚密。這樣的例子不勝枚舉。一方的不忠實，往往會連鎖性地引起另一方的不忠實與怨恨，甚至以同樣不忠實的行動來報復對方，最終陷入相互猜疑的泥淖中而不能自拔，這時再後悔就來不及了。

(3)不良的個性。夫妻生活在一起，仍需保持各自的獨特個性。一個人缺乏個性，則會使與他（她）同處的人感到單調和乏味。一個缺乏個性的丈夫不會得到妻子的歡心，同樣，一個缺乏個性的妻子會使丈夫覺得味如嚼蠟。惡劣的個性脾氣是造

成夫妻衝突的重要原因。愛人真的太
辛苦了，與其這樣，我寧願選擇離
開。

「空間」解構「婚姻」

感情，不怕外面的考驗，就怕兩人的內在產生了變化，若是有心人就不要讓感情產生誤解，有心就應該要努力地維繫情感才對。

有一句廣告詞說得很好，「再忙，也要和你／妳喝一杯咖啡」。的確，喝一杯咖啡需要多少時間？甚至，撥一通電話又需要多少時間？就算再怎麼忙，難道連五分鐘時間也抽不出來嗎？

在婚姻的路途裡，總會有些低潮期，尤其是年輕人，為了打拼自己的事業，也許忙得無心去談論婚姻，

甚至是經營婚姻生活，造成冷落了另一半。如果另一半能夠諒解，那倒還好，但如果讓另一半以為你／妳已經忙到連這段感情都可以捨棄的時候，是不是就該試著改變兩人的關係呢？

當你／妳的另一半突然變得很忙的時候，妳／你應該試著去體諒他／她的辛苦，但是，如果妳／你覺得他／她忙得很沒有道理，甚至是找不到人，手機不開，讓妳／你的一顆心懸在半空中找不到著落時，你們就得小心了，也許另一半已經變心了而不自知。

忙，可以是一個不得已的原因，也可以是一個藉口。你／妳的另一半是屬於哪一種，自己必須先行衡量一番。若是前者，就應該學著讓自己獨立一些，兩個人學著在繁忙的生活中尋找相處之道；若是後者，也別癡傻地守候著，渴盼對方偶爾的青睞。

在婚姻的國度裡，有沒有「心」是很重要的。有那份心，就算再怎麼忙，也可以在

還沒有回到家前，先抽空打個電話，再不然，花點時間去吃個宵夜也好，就算真的忙到沒有時間，總也可以道聲晚安吧？有很多事情，真的就只看那份「心」了。若沒了「心」，就算時間多到可以去抓螞蟻，也不會想和對方維繫這段婚姻。

生命有不同角色，幸福並非獨善其身。光是積極、努力並不夠，幸福並不是新年新志願，握在手中就是擁有，更需要保持著泰然的態度。而聚少離多的婚姻，帶給彼此很多自由空間，卻減少許多溝通、調整的機會，無法在生活中認清彼此，導致婚姻危機重重。婚姻專家研究發現，許多男性幾乎不知道如何帶小孩，在家務工作的表現遠比女性差，而且孩子形同「假性單親」小孩，這些是遠距婚姻中經常碰到的難題。

曾有個朋友走過十多年來聚少離多的婚姻，她認為遠距婚姻雖帶給彼此很多自由空間，卻減少許多溝通、調整、妥協的機會，無法在生活中認清彼此，導致婚姻危機重重，但受苦的卻是孩子。也因此她必須花更多力氣在孩子身上，以免造成孩子成長的遺憾，這也是許多遠距婚姻中，負擔教養責任的父母，最大的考驗。

而屬於你／妳的聚少離多愛情，又是哪一種狀況？

如果真的夠了解自己的情人，遇到情人突然間的冷落，請不要急著發脾氣、鬧彆扭，應該要先去思考對方的處境，試著和對方溝通出一套應變的相處方式。

當然，在這個時候，最忌諱無理取鬧地和情人大吵一架，要知道，誰也不願意這麼忙，忙到沒時間和情人談情說愛。如果妳／你採用太激烈的方式，只會造成反效果而已。要知道，你們是要在一起一輩子的，有很多事情就要花點時間去溝通，有了心事、有了不滿，千萬不要埋在心裡，但也不要用咄咄逼人的方式去和對方抗議，畢竟，你們是要解決問題，而不是要吵架、要分手，不是嗎？

常有人說，婚姻是愛情的墳墓，結婚時「百年好合」、「永浴愛河」的聲聲祝福與句句誓言，總在時間如沙的流瀉中模糊了原本甜蜜的面貌。愛情的永恆度，在現代夫妻聚少離多、高壓工作、各自獨立的生活型態下，成為一個無人能解的疑問。甚至有人悲

觀的認為，結婚是離婚的開始、時間是滋養愛情的慢性毒藥。因為，愛情需要時間增長厚度，但親密接觸的時間越長，摩擦的機會也越多，最後，終將在多次碰撞的火花後燃為灰燼。

愛情，需要時間來經營，更何況是婚姻呢？

忙碌，可是現代人愛情褪色、婚姻生變的理由？方蘭生夫婦無法同意這種看法，並以自身的經驗證明「忙碌，讓夫妻更懂得珍惜彼此的相聚。」竅門何在？就在於「時間管理」。因為無論怎麼努力，無論在人生路上苦苦追求，有時幸福卻像手中的沙，即使用力握緊，還是從指縫流失。而外在現實更如苦海，一波波不停地拍打著人。

在臺灣，已有50％的上市公司前往國外或大陸投資、外派，和親人聚少離多，在異鄉忍受寂寞，成為許多人身不由己的選擇。經濟成長率下降、失業率上揚，每個人都在失業、減薪、裁員的陰影下賣命工作，卻不見得能保住工作。而枕邊的那個人也不見得會帶給你幸福。離婚率已達2.5％，創十年來新高；一項最新的調查發現，臺灣28％的已婚男女希望一朝醒來是單身，超過美國、澳洲等國。人人都鬱鬱寡歡的時代，幸福成為一

種商品訴求。結婚喜餅用喜悅感染你，廣告詞說：「一定要幸福哦！」也有餐廳推出號稱讓人感到幸福的美食饗宴；電視上偶像劇的戀人們，談著奇蹟般的浪漫戀愛。

　　每個人都有自己幸福的定義和組合，愈知道什麼是真正的自己，愈能得到幸福。覺察自己絕對不是簡單任務。從每個微小細節體會自己，也許是某本書、某部電影、某段感情、某個困境，讓你看到自己本來的模樣。自己就是真正的幸福。幸福不是從天而降的禮物，仍須辛勤耕耘。而幸福需要三個S：Specify（專注）、Supervise（監督）和Simplify（簡化）。專注就是找到自己所要，而監督是管理自己的能力。從養成某個習慣開始，讓你叫得動自己，能夠督促自己往前邁進。繁忙帶來煩躁，簡化帶來自在。而且「為了讓生命中的幸福片刻鮮活似海，你必須每天練習去想起它、採集它，正如婦女們為溫暖而採集木塊裝在圍裙一樣，」在法國獲得《Elle雜誌》女性讀者大獎的作家馮絲瓦

茲樂菲芙是這樣認為的。

　　感情，不怕外面的考驗，就怕兩人的內在產生了變化，那麼，就算風平浪靜的日子，也可能走到各分東西的時候，因此，若是有心人就不要讓感情產生誤解，有心就應該要努力地維繫情感才對。

　　如此一來，聚少離多就只是情感中的一個小小難題，卻不足以讓一對有情人勞燕分飛。是否曾有人手中拿著相簿，看著以往相聚的時光，想想最近，你們一起坐下來聊天的時間，是不是漸漸少了，原來多年的感情也能如此淡薄，不禁懷疑：原來人的感情如此脆弱，禁不起時間蹉跎；聚少，便顯得多點陌生的味道，想念，卻無法感受對方的心思，這一本屬於你們的相簿，裡頭並不是你們的回憶，而僅僅是你的回憶。

外遇，所有男人都會犯的錯？

婚姻關係的變調不必然為單一事件造成，而是一段始於家庭的建立、成長與重建的階段性歷程。

由於現代化過程，或由於人口轉型，近二十年來，臺灣的家庭結構歷經極大的變動，其中最引人注目的莫過於單親家庭的出現與成長。根據人口資料的統計，臺灣的家庭中每十六戶就有一戶是單親家庭（一父或一母與至少一位十八歲以下兒童同住），其中以離婚的女性單親家庭佔大多數。而在導致離婚的多項原因中，又以經歷丈夫外遇的單親家庭居多數。雖然，外遇事件的發生不必然導向離婚的決定，但經歷男性家長外遇而終至婚姻解體所組成的單親家庭，卻有其獨特的因應議題與困難，其間的複雜動力因素有待實證的資料加以澄清。本質上，婚姻關

係的變調不必然為單一事件（例如：外遇）造成，而是一段始於家庭的建立、成長與重建的階段性歷程。

在我所瞭解的個案裡，一般常見的情形是，先生外遇強迫太太離婚，太太不肯，先生便拳打腳踢暴力相向，逼其簽字，若仍不從，他就搬去和第三者同居，不給生活費，看看誰受不了？先生嗜賭如命，輸光了自己的財產，要太太出去借，不給便痛毆一番，再不然就落跑，債務全丟給太太處理。也有丈夫離家數十載，卻硬不離婚，老了才回來要老婆養的。

在這種種不同的個案背後，我們看到那個一直被歌頌為「女人一生幸福所在」的婚姻家庭，儼然成為女人一生最大的災難與牢籠，而嚴酷的離婚法則是硬生生將女人綑綁在家中的吃人制度。年年攀升的離婚率，只是突顯出國內婚姻家庭生活品質低落，已婚婦女法律地位低落的事實。

其實外遇問題，自古便有。我們看到歷代的詩詞中，多少閨怨詩詞。在傳統社會裡，女性沒有謀生能力，男性要和她們「外遇」，得付出實在的代價——金錢與進門，給予身分上的認可，成為公開的「姨太太」。反觀現代的外遇、婚外情，由於女性的獨立，有自主的

經濟能力，在開放的社會裡，「睡別人的丈夫，也並不表示渴求以婚姻作結果？」我常常聽到現代「豪放女」講的一句流行的話：「管他丈夫、情夫，只要有個夫就好！」

電影《鋼琴師的情人》、《英倫情人》或《麥迪遜之橋》都是描寫第三者介入，而產生外遇的現象，影評者認為這些賣座電影的外遇者都是女性，顛覆傳統，抒發女性潛在的慾望，所以才會賣座，如果把電影中外遇者改為男性，可能票房就差很多，觸動人心和感人的情節也會大打折扣。對於外遇的處理，女性一般表現出比男性更寬容的胸襟，可能是中國傳統「一夫多妻制」，對女性產生影響，從許多社會新聞中，可以得知當男性發現女性外遇，通常無法忍受，甚至暴力相向，《鋼琴師的情人》、《英倫情人》的下場也是用暴力手段解決，在這方面男性應該再檢討，學習女性的寬容，如果她要回來，就當做沒發生過，如果她要遠去，就成全她。

外遇發生的原因，東海大學社會工作系

簡春安教授以四百五十六個外遇問題的個案，完成「外遇對家庭功能的影響」調查報告，他用「推與吸」來解釋。推力指元配的不良因素，吸力指第三者的優良條件。因而外遇的形成，等於是元配推著丈夫（妻子）向第三者，而第三者也藉著本身的吸力，將丈夫（妻子）吸向自己。柴松林教授將外遇原因列為重點，其中比較特別的是幾個臺灣社會的現象「寂寞難熬」，「剩餘的精力最好的就是外遇去了」……。李昂對外遇的成因分析有社會的、心理的、婚姻的三大類，比較特別的看法是：一、「男人的專利」：「做了無傷，沒有是笨蛋」。二、在愛情方面，男性普遍有著曾昭旭教授所謂的「博愛」：「愛一個自然不夠，兩個、三個更好，再多也不嫌」。現任教於臺灣大學心理系的余德慧博士，也是《張老師月刊》的總編輯，將外遇分成二種形式，一種是「高格調的外遇」，指懂得感情的品質，並非逢場作戲。另一種是「低格調的外遇」是指舞女、酒女同居。她以心理分析「高格調的外遇」認為外遇「一開始，通常不是有意要外遇，可能只是忍不住的幻想，表現在行動上會用殷勤、親切、地位來吸引對方，也並不是真要有情愛關係，只是會有種新的感覺，好像整個人

又清新，鮮活起來」。曾爲「主婦聯盟」創盟者及第一任董事長，在《國語日報》寫婦女家庭問題的專家徐愼恕，在《和丈夫做朋友》的書中提及外遇問題，她說她也有幻想外遇的時候。「結婚的前八年之間，我曾經不只一次，心情憂鬱地告訴我的朋友妙醫師：我好想紅杏出牆！」

　　社會心理因素對健康的影響，已日益受到人們的重視。婚姻危機作爲影響心理的社會因素，當然會給當事人帶來種種負面影響；當我們把外遇界定爲一個問題時，它已經肯定了一個價值與制度，也就是男女兩性是平等的，及一夫一妻才是正當許可的。在這樣的前提下，才會出現所謂的外遇問題。在傳統中國社會的婚姻關係中，「外遇」問題是不存在的，因爲已婚男性是不需要偷偷摸摸去外遇的，對看中意的女性，只要經濟許可，就可以明媒正娶去「內遇」。如果不娶進門做妾做小，在外有個紅顏知己，那也是風流倜儻，無可厚非。而已婚女性則是不可

能，或說不敢去外遇的，如果眞是有了外遇，被指責爲淫婦、蕩婦倒也事小。事實上往往不是被逼上吊，就是投河、浸豬籠，否則也要被伸張正義的小叔殺掉。而這些處死的判決與舉動則是絕對正當，並具有端正「民風」之效的。

婚姻中
對另一半的忠誠度

沒有一個婚姻是沒有問題的，外遇只不過是逃避去面對自己及婚姻關係中的問題，且令問題更為嚴重。

　　根據統計，造成離婚的原因，婚外情佔了一個極大的比例。隨著兩性在經濟及社會的發展過程中，交往日益頻繁，個人主義、自由主義、享樂主義抬頭，令現代人對性、愛、婚姻、家庭的價值觀念有所改變。再加上一些環境因素，例如，分隔家庭而引致婚外情的現象日漸普遍，包二奶問題更成為社會討論的焦點。婚外情的現象，其實在古今中外，存在已久。但不同人士、不同年代對婚外情都有不同的名稱、定義、標準與理

解，例如，婚外性行為、婚外戀情、背叛行為、外遇行為、通姦、不忠貞行為等。一般人對婚外情的定義是指夫婦之間出現另一位男性或女性，無論是有愛有性、有愛無性甚至是有性無愛，只要是這種婚外關係，足以影響夫婦二人的情緒及婚姻關係的穩固性，便可界定為婚外情。

在傳統這種父子關係為家庭主軸，在傳宗接代為家族最重要價值的社會中，女性只是家庭中的附屬角色，是不配與男性平起平坐來爭論外遇問題的。唯獨在現代，肯定男女平等，肯定家庭是以夫妻關係為主軸，並且夫妻間的情愛及忠誠是非常重要的，才會出現所謂的外遇問題。

婚姻關係中對另一半的忠實，這對中國男性而言實在是非常困難，尤其是對那些有能力的男性。因為在男性的生活經驗中，無論是家庭中的父、母、祖父、祖母，或是鄰居、整個社會在在都明示或暗示：如果你有錢、有能力，養個小老婆有何妨？這種訊息幾千年來都是如此，唯獨在民國後短短的幾十年，變成是不合法、不對的。

因此我們看到臺灣男女兩性的外遇，也有相當大的

差異。男性外遇的原因或動機是呈多樣化的，諸如：近水樓台、不吃白不吃、夫妻性生活不協調、自我能力價值的肯定、增加無聊生活中的刺激、對原配的不滿。

女性外遇的原因，則較單純的，多半是先生不懂關懷、不懂溫柔體貼、夫妻無法溝通，而太太很嚮往夫妻間靈肉的相犀與結合。因此在對外遇的處理上也不盡相同，先生有外遇通常不會考慮離婚，而且也不希望離婚；但如果是太太有了外遇，假設不是為了小孩的緣故，多半是以離婚收場，這一方面是難見容於先生，一方面太太主動會提出，因她情已另有所鍾。

另一種大男人心態是，男兒有淚不輕彈，有苦不輕訴，男性是要勇敢、堅強，如此才算男子漢的觀念。因此我們社會中的男性，常常是不太懂得如何表達自己的心情與困難，同時也習慣於將其家庭生活、工作及社交生活截然分開，並且無意也不願讓太太投入其工作及社交生活。

因此事業上遭受挫折，多半不會向妻子訴說，美其名為不願妻子擔心，而太太這邊則常常是很生氣，為什麼出事情我總是最後一個知道。男性也常常是在這種身受許多壓力，不願或不知如何向妻子傾訴求助，而正好身邊出現個善解人意、溫柔、關懷的異性的狀況下，走入了外遇關係。

　　我們都知道沒有一個婚姻是沒有問題的，外遇只不過是逃避去面對自己及婚姻關係中的問題，且令問題更為嚴重；其實，外遇既是女性的話題，也是男人的話題！

婆媳過招－女人&女人的戰爭

單就兩個女人的相處不合來看，也許是婆婆的錯，也許是媳婦的錯，相互體諒與溝通才是創造婆媳和睦的好方法。

姻親關係常是影響婚姻穩定與品質好壞的重要因素。在許多姻親關係中，又以婆媳之間問題最多，此種現象中外皆然。臺灣過去有關婆媳關係的探討多在家庭結構、社會結構的改變對婆媳相對地位之影響，或是檢驗婆媳關係好壞對其他生活面向的影響，而婆媳不合也許是男人的問題，選擇兩邊站，千萬不可靠邊站！

感情的事是最難搞定的人生習題，男女之間的愛情問題已經一籮筐，一旦結了婚之後，醜媳婦見了公婆，這時的婚姻才是真正出現了「第三者」。當然，自家事還是要老的、小的相互溝通，婆媳問題理的好是家和

萬世興，理不好，那可是家家有本難念的經。

　　話說二十年前，一對夫婦在風光明媚的台東結婚，依偎著藍天，依偎著大海，兩個人生活過的十分愜意。奔馳在濱海公路的摩托車上，太太摟著丈夫的腰，心想「沒錯，這個人就是我一輩子的依靠了。」

　　在東部享受了五年小家庭生活，丈夫因工作關係要調回嘉義上班，理所當然也搬回嘉義和公公婆婆一起住了。太太原本心想，「先生人那麼好，家裡環境應該不錯，公公婆婆也一定很疼我。」沒想到，一人單槍匹馬進入這個大家庭，像是被綁架般地困陷鐵籠中，想回娘家是摸不著門路，又沒那個能耐。

❤兩個女人的戰爭從見面那一刻開始……。

婆婆說他們八字不合，太太會有煞夫運，要太太離先生遠一點。每逢過年過節大拜拜，婆婆要求篤信基督教的媳婦拿香燒銀紙，還得把拜拜的日子、禮俗都要弄懂。為了這種宗教信仰問題，婆媳之間可是爭執多年。更想不到的是，婆婆家的客廳是出了名的「賭博間」，酒味、銅臭、三字經充斥在小小窄窄的客廳，太太嚇壞了，沒碰過這情形，好言相勸卻換來責罵，「旁邊站著好好收錢！阿哪有贏再給妳吃紅」，不過輸了的話，太

太原本吃紅的錢又都被婆婆要了回去。

　　遇到這些情形，丈夫有時根本不理，就算理了也多半是站在母親這邊。所以妻子受盡了委屈，每每只能打著長途電話跟娘家哭訴，流著眼淚對著話筒說：「媽！妳知道嗎？要不是小孩子的關係，我早就想離婚，我真的好想回家！」

♥戰爭考驗兩個女人的智慧

　　婆媳問題，多少會有，只要是兩個來自不同家庭的人碰在一起，多少會有摩擦，頂多程度不同。說什麼「我會把妳當女兒看待」、「我會把妳當親媽媽一樣服侍」，全部都是「客套話」。兩個不同生活背景的人，兩個不同世代的女人，住同一個屋簷下過生活難免為了生活習性或是「男人」明爭暗鬥個幾十回。

　　單就兩個女人的相處不合來看，也許是婆婆的錯，也許是媳婦的錯，最好的方法是媳婦能讓則讓，言語上盡量和悅，並且試著

澄清事實。但是遇到事關本身自尊或是不合理的對待，有時就要據理力爭堅持己見了，不是所有的退讓容忍就能平息一切，相互體諒與溝通才是創造婆媳和睦的好方法。

♥男人的肩膀是要給兩個人靠的！

那男人呢？當婆媳有問題時，應該站哪一邊？很多男人都是選擇站在自己這一邊，媳婦生氣的將抹布往廚房裡丟，婆婆拾起老骨頭將盤子往客廳裡扔，窩囊男人坐在沙發上翹著二郎腿照樣看報紙。因為丈夫不想介入兩個女人的戰爭，以為婆媳的事情應該由他們自己去解決，戰火不要延伸到自己身上就好了。

現在的糕餅點心裏，有一種非常受歡迎的食品，叫做夾心餅乾，因為把或鹹或甜的佐料，包在兩片餅乾中間，合起來吃，不但香甜美味，更是清爽可口，所以夾

心餅乾因此非常流行。

　　夾心餅乾雖然好吃，但有一些人夾在兩大或兩強之間，也像夾心餅乾一樣，實在很難做人。例如父母吵架，兒女就是夾心餅乾，眞不知到底應該站在父親這一邊？還是站在母親那一邊。

　　婆媳問題是一般家庭普遍存在的衝突，在婆媳之間，甚至在妻妾之間，做男人的更成爲夾心餅乾。在婆媳之間做了夾心餅乾，那是不得已的事；在妻妾之間成爲夾心餅乾，那就是咎由自取了。

　　光緒是一個可憐的皇帝，在慈禧太后和珍妃之間，完全不敢有絲毫的表態，眞是無味的夾心餅乾；唐明皇雖有艷福，但也是一個亂倫悖理的可憐皇帝，夾在梅妃與楊貴妃之間，成了夾心餅乾，不知道他的幸福在哪裏？

　　日本地區曾經進行抽樣調查，調查發現：經濟問題和婆媳、夫婦吵架是婚姻破裂最大導火線。而一直被局外人以爲的生活習

慣和文化差異問題，反而被大多數國際婚姻家庭所忽略，越來越多的調查對象認為國際婚姻的本質，首先是婚姻家庭本身，而非其它。

　　婚姻會帶來許多的責任與壓力，一般人通常以過去的經驗與習慣的行為反應模式面對，我也相信來自兩個不同背景的人，思想一定有差異性，於是乎理財、教養子女、婆媳、姑嫂或岳家的問題，可能引起爭執，可能以冷嘲熱諷代替真實的感受，可能感情用事使得婚姻岌岌可危，或者走上離婚，不管是繼續維繫婚姻，或是離婚，我覺得自我覺察的能力很重要，學著了解自己真實的感受，了解自己為什麼會受傷，為什麼感情脆弱的經不起打擊。自我覺察可以讓自己在痛苦中獲得成長，避免再受痛苦，這樣，婚姻對自己便有了真實的意義。

幸福嗎?
兩岸的跨境婚姻

喜宴散場才是另一個故事的開始,飄洋過海的婚姻不是童話夢幻的翻版,婚姻仲介的誕生,的確是契合於現今社會曠男怨女充斥的需要。

國內跨國/境婚姻原以大陸居多,因受限於大陸新娘取得居留權不易,夫妻聚少離多、社會問題叢生,現則以「穩定性佳」的越南新娘取而代之,使得今年上半年,東南亞新娘的人數較去年同期激增了一倍以上。

日前,在與朋友聊天時,發現國內兩岸婚姻在仲介業者努力下,現今已破八萬,政府的現行政策仍歧視大陸新娘,嫁來臺灣的大陸配偶備受煎熬,而大家對大陸新娘的印象,仍停留在報紙上時常出現的假結婚、真賣淫的大陸妹,合法的兩岸婚姻好像很少。

這些大陸新娘要拿到臺灣的身分證需要排隊，大陸配偶在尚未取得居留權時，夫妻聚少離多，且因沒身分證、沒健保、沒工作權，無法工作貼補家用，非法工作亦無保障，若考慮到生活保障問題，不敢輕易生育子女，大陸新娘不適應臺灣的人／事／物，感覺臺灣地區的民眾對大陸女子嫁臺灣郎存有輕蔑的觀念，鄰居和親友對大陸配偶有憐憫及施捨的態度，覺得不被尊重，加上語言隔閡，因而產生生活適應上的困難。

在臺灣，新婚的人家是多麼快樂，受到婚姻的祝福，而大陸新娘來到臺灣，政府卻是這麼嚴格的來挑剔。如果以影響社會安全為理由來限制大陸新娘，是有其政策上的考量。但是，我們不能預設立場，說每一個人都是做壞人，所有女性來到臺灣都是假結婚，固然確實有假結婚來台從事賣淫等非法工作的，但這是政府在治安工作上的責任，是執行的問題，不能因噎廢食，反而歸罪在兩岸通婚上。

政府有義務依法嚴格審查兩岸通婚的真實性，但應該是比照先進國家的移民機關所採用的方法，透過申請時詳細的資料調查，以及來台居留、定居期間的家庭訪視與詢問去發現，而非鴕鳥式的限制入境，敷衍了事。

在兩岸社會價值與經濟力落差甚大的背景下，兩岸聯婚情投意合爲愛圓緣的，雖不乏其例，但爲錢、爲自由而交換條件的姻緣，也不在少數。究竟兩岸通婚的背後是因情愛沖昏了頭？亦或是「貌合神離」各有所爲的聯姻呢？據大陸委員會在兩岸聯姻交往過程的民意調查報告中發現，有48.5%的受訪者是透過親友介紹而認識臺灣配偶，其他認識的管道則包括有筆友通信（18.2％）、赴大陸觀光（12.1％）、探親時認識（12.1％）或經商時認識（9.1％）等媒介。在一般兩岸婚姻中，從認識到結婚的時間多以「半年到一年之間」及「一年以上不到兩年」者居多，因爲沒有身分證，大陸新娘不僅不能工作，在日常生活中也存在諸多不便，甚至影響到家庭穩定。據臺灣海峽交流基金會的統計，兩岸間婚姻的離婚率正在上升。這些個數據除深切反映出兩岸配偶交往的時間並不長外，在兩人認識不深，只憑一時的情投意合而促成的婚姻，其姻緣的穩定性及眞實性莫

不令人擔憂！

　　喜宴散場才是另一個故事的開始，飄洋過海的婚姻不是童話夢幻的翻版，現代人婚姻夢難做，婚姻仲介的誕生，的確是契合於現今社會曠男怨女充斥的需要。但兩岸間經濟文化上的差異，除使原本就已複雜的兩岸通婚更爲朦朧外，加上兩岸婚姻仲介業中的少數不法份子，更讓有心加入「四通」的臺灣郎望之卻步，心生戒愼。如果，大陸新娘遠嫁臺灣，卻身受家庭暴力或經濟封鎖，抑或是臺灣郎，將大陸新娘迎娶入門後，發現新娘是有所貪圖時，那眞是幻滅的開始呀！

飄洋過海來嫁娶

異國婚姻，因為雙方文化背景差異大，
當然一開始多少會有摩擦，
若能抱著結婚後才開始要和對方談戀愛的心情，
即使女方有撈錢心態也會改變。

　　臺灣社會近來的重大轉變，不僅僅止於產業外移的經濟面，而是隨著社會變遷以及產業外移後所帶來社會面的變化，最明顯的即為外籍新娘的增加，社會變遷改變了傳統的社會結構，亦使男女擇偶條件及方式產生變化，明顯的即是結婚時間的延後，再加上女性在經濟方面傾向獨立自主，不婚女性亦有增加趨勢，這樣的現象使得臺灣男性開始向其他國家尋找結婚對象，而尋找的對象又以亞洲地區國家為主，這與文化背景相近有極大的關係；另產業外移大陸及東南亞的南進經濟政策，亦增加了國人與

其他亞洲女性有更多接觸的機會，在這樣的狀況下，外籍新娘成為臺灣婚姻結構中的新寵，目前臺灣粗估約有十多萬名外籍新娘，其間又以越南新娘居冠，約有三萬多名，主要仍以文化背景相近、個性乖巧以及種族近似有關。

根據內政部統計，目前在臺灣的外籍新娘已超過十萬人，其中越南新娘就佔了60％。就此一發展速度而言，也許過不了幾年，臺灣就會像美國一樣成為民族的大熔爐，屆時「新臺灣人」的定義可能必須要重新闡釋，在現在所謂的「本土化的臺灣人」和「中國化的臺灣人」之外，必須要加上一個「亞洲化的臺灣人」。異國婚姻常延伸出家庭暴力問題，但外籍新娘為賺錢改善家計，往往選擇隱忍，自從民國83年開放外籍新娘來台後，外籍新娘的人數愈來愈多，尤其是兩性關係比較弱勢的身心障礙者，常會選擇花幾十萬元娶個外籍新娘，不過很多人嫁到臺灣後，並不快樂，想到來到臺灣的生活，悲從中來，生了小孩後，丈夫對外籍新娘愈來愈冷淡，甚至聽家人的話，開始毆打外籍新娘，還騙外籍新娘簽字離婚，以後連小孩都看不到。但是在異國婚姻中，也不乏有幸福的，外籍新娘遠嫁臺灣，經過一段磨

合期，在臺灣的生活也就漸入佳境了。不少身心障礙者的異國婚姻，把外籍新娘當成傳宗接代的工具，或廉價的終身看護，當然也就不會有幸福可言。

　　兩岸開放之初，大陸女子與臺灣郎聯姻情況驟增，但時間一久，臺灣人發現，有些大陸女子嫁來臺灣，根本不是為了結婚，而是來台「撈金」。據了解，由於大陸女子透過仲介業者嫁來臺灣時，同樣須支付一筆約一萬元人民幣的龐大費用，因此她們就多了「挑選」的權利，有權挑選多金的臺灣郎，所以才會出現大陸女子就算沒錢，也要籌錢、捧著錢求仲介業媒妁來台的情況。過去曾從報紙得知一則新聞，仲介業曾媒介過一對兩岸聯姻，半年不到卻聽聞丈夫要求離婚，一問之下才發現，該名大陸女子來台後，雖然與丈夫同睡一張床，卻不履行夫妻義務，若丈夫向她求愛，竟然必須「付費」解決，讓丈夫實在無法接受，因而訴請離婚。另也有一名住在彰化的大學教授，所娶的大陸老婆

還未來到臺灣，就已經花了數百萬元的「安家費」，除了幫老婆辦來台證件外，還必須在家鄉蓋樓房、買車子，到頭來，老婆卻丟下一句，證件辦不過不嫁了，讓這名大學教授吃足了悶虧，只好請仲介業者再重新仲介一名越南新娘。同時，因大陸新娘語言通、外貌相近，所以就算是逃離夫家出外工作、甚至從事特種營業，都較無阻礙，才會變相出現人蛇集團仲介集體來台賣淫的情形。越南新娘透過仲介業來台時，並不需花任何錢，還可以拿一筆錢改善娘家生活，所以通常只要男方看對眼了，就沒得選擇。且由於越南屬於母系社會，越南女子相當重視家庭觀念，對她們而言，生活過得差無所謂，離婚卻是件丟臉的事，且兩人若離婚，越南新娘又還未取得永久國籍時，十五天內就必須被遣送出境，一回越南勢必從此無法與孩子見面，所以無論如何都會咬緊牙根忍下來。

近幾年來，國內男子紛紛到大陸、東南亞國家娶妻，雖然有部分是假新娘，有部分是為了貪圖男方的聘金而願嫁臺灣郎，實際上多數外籍新娘希望得到丈夫的疼愛，並當個賢妻良母。

因為婚姻斜率的關係，臺灣男子到東南亞娶妻，從

昔日的泰國新娘、印尼新娘，到目前熱門的越南新娘，都是臺灣婚姻仲介商爲謀取暴利下進行，尤其是越南新娘，不到十年間急速成長超過六萬五千名，再過三年可能超過十萬名，呈現著臺灣社會隨著經濟層面變化，而造成婚姻的危機正在加速擴大。

一位美國心理學家曾對五百多對的夫婦進行「戀愛時間長短與婚姻滿意度的關係」的調查，發現那些經過較長的時間戀愛而後結婚的夫婦，大多數對婚姻表示滿意；而那些匆匆結婚的夫婦中有四成表示對婚姻不滿意。心理學家得出的結論是，戀愛持續時間最好是三至五年。

再回頭過來看臺灣的情況。娶外籍新娘是否一定保證永遠幸福美滿呢？根據一項資料調查顯示，民國九十一年嫁到草屯鎮的外籍新娘有八十多位，但卻有近二十人與外籍新娘離婚，幾乎四人就有一人離婚。

警方表示，由於國內陸續發生外籍妻子控告丈夫家庭暴力，聲請保護令並訴請離婚

成功的案例，以致造成部分外籍女子為了貪圖聘金而嫁到臺灣，進而設計讓丈夫做出暴力的行為，然後訴請離婚並請求賠償。臺灣的丈夫除了人、財兩失，甚至孩子的監護權還判歸母親所有。

多數靠仲介而和外國女子結婚的臺灣男子，都是因為在臺灣找不到合適對象，或是因為其他因素而尋求異國聯姻，可想見的是，男方極在意及重視這段婚姻。但是相親後就立即結婚的異國婚姻，因為雙方文化背景差異大，當然一開始多少會有摩擦，若能抱著結婚後才開始要和對方談戀愛的心情，即使女方有撈錢心態也會改變。無論如何，在異國婚姻愈來愈多的趨勢下，我們對臺灣人新婚姻觀轉變的實際狀況，實在有必要做更多的了解。

六大奇聞

五花八門的法律案例

在愛情的領域中，成熟的人不問過去；
聰明的人不問現在；豁達的人不問未來。

　　夫妻的結合，剛開始需要愛情，其次需
要理智，再接下來，則需要一種對人生的智
慧。看來愈不配的夫妻，他們相處的智慧一
定有其獨到之處，如同怎麼看都不配的花
樣，只有在高妙的藝術家手上，才能和諧地
成為一體。關於「愛」，何必問得太多？問得
太多，只怕就不愛了。在愛情的領域中，成
熟的人不問過去；聰明的人不問現在；豁達
的人不問未來。

根據臺灣大學社會系教授薛承泰統計，國內離婚率從民國七十八年起開始「起飛」，每年以一千對速度逐年增加，迄今每3.5對中就有1對離婚，已創下歷史新高。而在法院審理家事訴訟的案例中，則可看出社會傳統觀念變遷，夫妻之中的一方可能以各式各樣的理由訴請離婚，基於對當事人利益的考量，法官審理時也不再堅持「勸和不勸離」。

　　在我國現行法律當中，訴請裁判離婚需有法定事由，但兼採有責任主義與破綻主義。在民法第一千零五十二條中就列舉了十項法定離婚事由，一旦夫妻其中的任一方有所列舉之中的情況者，另一方就可以向法院請求離婚。這十項法定事由包括：重婚、與人通姦、不堪同居之虐待、惡意遺棄、有不治之惡疾、有重大不治之精神病，或被判處三年以上有期徒刑或犯不名譽之罪者。

　　此外為免疏漏，同條文第二項前段亦規定了相對離婚事由，即「有前項以外重大事由，難以維持婚姻者，夫妻之一方得請求離婚。但其事由應由夫妻之一方負責者，僅他方得請求離婚」。較常見的情況包括與異性交往過從甚密、同性戀、家境貧困仍遊手好閒、性格極端

無法相處等，一般均認為已構成重大事由，但是否達重大程度、婚姻是否已難維持，仍須由法官調查判斷。

目前在法院審理離婚案件經驗中，起訴的理由千奇百怪，一般最常見的是以「不堪同居之虐待」訴請離婚，亦即遭受家庭暴力，不論是身體上的或是精神虐待，都有可能構成法定離婚事由。

前幾年台北市曾發生一件警員妻子起訴要求離婚的案例，理由是雙方感情不睦，先生竟以警用手槍開槍脅迫妻子與他離婚，其妻黃姓女子不堪威嚇，向台北地院起訴要求離婚，並要求五十萬元精神賠償，法院審理後認為起訴有理，全部照准。

在列舉法定事由之外，許多夫妻起訴要求離婚的理由則是「天馬行空」，各種狀況都有，不禁讓承辦法官大嘆「清官難斷家務事」。民國八十八年間，一名結婚超過三十年的朱姓女子向台北地院訴請離婚，朱女說與丈夫結婚多年，老公只會邀約女同事看電

影，對她想看電影的需要不聞不問，外出時又刻意與她保持距離，形同路人，因此她也以「不堪同居之虐待」向法院訴請離婚。

朱女起訴時說，二十幾年前她就發現丈夫與王姓女同事走得很近，八十一年間還與王女一起去看電影，她在追問丈夫時，還被丈夫推傷。八十三年間，她想找丈夫去看電影，但卻得到「已經看過了」的回答。其實，其夫每次均陪王女觀看首輪影片。八十七年七月，她打電話到丈夫辦公室找不到人，後來才知道老公又陪王女去看電影，後來她也對丈夫表明想看同部電影，卻遭到拒絕。

法官在調查審理後認為，朱女無法舉證老公不忠，且「不陪同看電影」與「外出時保持距離」並不符合法律所規定的不堪同居之虐待，因此並未判准朱女的離婚要求。

至於其他訴請離婚的原因，還包括有「不事生產」、「揮霍無度」……等。去年，國內某家知名體育用品商劉姓負責人向台北地院訴請與妻離婚，理由就是太太揮霍無度，已達難以維持婚姻的程度。

據了解，五十歲的劉先生多年前娶了一名貌美如花

的大陸女子，兩人結婚之後育有二子，生活原本美滿幸福，但因不堪其妻「花錢如流水」，雙方一度決裂到鬧離婚。劉先生曾在出庭時向法官表示，即使自己是家境富裕的殷實商人，也無法承擔妻子一個月平均二十、三十萬元的開銷。

隨著時代的變遷及人們觀念的轉變，夫妻提起離婚的理由也越來越「多元化」。在早些年前，人們向法院提出離婚的理由多是配偶一方出國深造、賭博、酗酒、婚外情及家庭暴力等。但近幾年來，網路戀愛、炒股票賠了錢、投資理念、思路不一樣、兩地分居、臺灣地區人民至大陸地區包二奶等都成了離婚的理由。至於以感情生活不和諧爲由離婚的，更是比以前多了好幾倍。

獲得1950年諾貝爾文學獎得主的英國大哲學家柏克蘭・羅素就曾洋洋灑灑寫過一本《婚姻革命》，而他自己的第一次婚姻解構就是沒有多少理由的。羅素與他太太兩個人的結合很不容易，雙方人品都很好，離婚時也

沒有提過出什麼重要的理由。據主動提出離婚的羅素自己坦言，他不過是有一天騎著自行車在街上走，突然腦子裡萌生一個念頭，我不愛她了。既然不愛就不必假裝去愛，而且以羅素的風格也絕對不會隱瞞，於是當面他太太的面前，要求離婚。妻子也沒有追究什麼，兩人就這樣分手了。

曾有人說過，愛情是隻自由鳥，總是忙碌又盲目，降臨時從不事先預約，飛走時也不會臨別通報。當然，就離婚而言，沒有理由並不等於不需要理由，在這種情況下，感情破裂是最好的藉口。也有一些國家的法律中對離婚的依據有限制性的規定，如美國的內華達州，離婚的依據是：執意分居、犯有重罪、喪失廉恥、長期酗酒、自結婚之日至離婚之日始終萎靡不振、極端虐待、一年不提供生活費用、精神病達兩年以上。在我看來，再多的離婚依據或理由，對於想要離婚的配偶來說，並沒有多大的意義，要找出幾條適合於離婚的條文依據絕非難事。之所以說離婚不需要理由，並不是主張把婚姻當成兒戲，想聚就聚，不想聚就拆夥。離婚法令規定的寬鬆與否與居高不下的離婚率之間並沒有必然的關係。當婚姻雙方關係日益緊張，因結合而造成的所有痛苦遠

遠超出分手所帶來的痛苦時，離婚就成爲解
除這一痛苦的最終方式。

千奇百怪離婚習俗大搜秘

人無法迴避命運造成的困苦和苦難，但如果能從另一個角度正視它，心中的傷痛是否就會輕一些、淡一點？

我從《世界文化》中看到幾則離婚的趣聞，摘錄幾則，以一位觀察家的角色，來觀察世界各國對於離婚的觀感及相關離婚行為。

♥法國夫妻以跳傘離婚

法國巴托馬市一對年輕夫婦決定離婚，他們商定的離婚方式卻出人意料，因為充滿著喜劇的色彩。

他們乘坐飛機，從高空跳傘，一名律師也陪同他們一起跳下來，在半空中將離婚證書交給他們，之後夫妻雙方來個空中吻別，從此以後就分開，各自過著自己的生活。

這則頗有意思的故事，充分顯現了法國人追求浪漫

生活的本性，他們願意把生活趣味化，爲生活中每一件不愉快的事塗上燦爛的色彩。人無法迴避命運造成的困苦和苦難，但如果能從另一個角度正視它，心中的傷痛是否就會輕一些、淡一點？

♥烏干達離婚以牛爲證

烏干達卡拉莫賈族人離婚，必須按照以下的「程序」進行：妻子先趴在地上，丈夫手執盛滿清水的葫蘆瓢，往她背上潑水「淨身」，接著，女方家長退還聘金，男方還其公牛一頭，女方父親當場將牛殺死，掏出牛肚裡的牛糞塗在女兒的身上，以表示脫胎換骨，重新做人。

牛是這個民族的象徵與圖騰，他們把牛放入離婚程序中充當重要的角色，視婚姻如牛的生長或死亡。這種烏干達特有習俗表明他們對婚姻的看重，同時，也反射出他們如牛一般的務實、勤勞和直樸，安於現狀又善於吃苦。事實上，這個民族千百年來正是如

此，不求榮華富貴，但求安穩。

♥三聲咒語的「離婚證書」

在沙烏地阿拉伯，做丈夫的如果厭惡妻子，他不用舉行任何儀式，也無須請人作證。他的「離婚證書」是：只要當著妻子的面連著說三聲「離婚」，便可休妻了。

這三聲「離婚」，豈不是阿拉伯古時的咒語？在沙烏地阿拉伯，由於地理環境的影響，一般都由男人賺錢養家，女性的地位完全被否定。然而一個人的喜惡不是常數，這樣隨男方性情決定的事物，在當地男人看來，彷彿理應如此。

♥不願婚姻像坐牢

美國人喜愛自由，但政府卻在公民婚姻上給予時間上的限制，每個州的法律都明文規定，需要離婚的夫婦必須有多少的同居時間，只有期滿才有權離婚。不過，各州規定的年限不盡相同：麻薩諸塞州規定同居5年以上方可離婚。而內華達州只要同居滿6個星期就行了。如此一來，許多要求離婚的夫婦便遷往內華達州。

美國人認為，不合適的婚姻，強求一天就等於坐牢

一天，他們不願意被壓抑。從另一個意義上來說，他們選擇的是有效率的婚姻，合則迸出愛的火花，分則迅速尋求心靈上的解脫。

另外，我從各國家的資料上歸納出幾項較為奇特的離婚原因：

❤日　本：如果丈夫認為妻子睡覺姿勢不好看，就可以提出離婚申請。

❤義大利：妻子不做家務事或不愛做家務事時，丈夫便可以提出離婚申請。

❤阿富汗：如果女方提出離婚，那麼她再嫁人時，她的再婚丈夫要付給前夫兩倍當年婚禮費用；如果是男方提出離婚，女方重新嫁人時，新郎丈夫則要如數償還前夫與妻子當年的婚禮費用。

❤英　國：夫妻雙方只有一方可以提出離婚，如果雙方都提出離婚，則不准離婚。

❤黎巴嫩：在傳統的家庭中，女人出門前先要徵得丈夫的同意。如果有朝一日不想要妻子，待妻子出門前徵求他的意見時，他只需說「快去，別回家了」，便可因此而宣告離婚。

❤多明尼哥：男女雙方感情破裂，便到當地部門申請，並各自請管理人員將頭髮剃去一半，將剃下來的頭髮互相交換。

❤薩爾瓦多：夫妻感情一旦破裂，可到當地管理處申請登記，然後購買一頭牛，宰殺後請雙方親戚朋友前來聚餐一頓。餐畢，夫妻雙方面面相視，各自用手打對方十記耳光，美其名曰：記住最後的痛苦，這樣就宣布離了婚。

❤厄瓜多爾：夫妻反目離婚，皆要絕食三天。到第四天早晨，到該地一位年長者處接受「檢驗」是否真的有氣無力，如果真的，分手也是真的；如果是假的，這位年長者會下令：永遠不准離婚。

母系社會的東方女兒國

在摩梭族，成年的男人和女人並不婚配，也沒有「你屬於我，我屬於你」的觀念，情投意合就在一起，沒了感情就不再往來。

　　我曾研究過雲南摩梭族的婚姻型態，對於其婚姻型態存有一份神秘感及內斂感到興趣，摩梭古稱「摩沙」，是雲南省寧蒗縣境內的土著民族之一，其族原屬於我國古代游牧民族「氂牛羌」。特殊的社會地理環境，使摩梭人一直保留著獨特而神奇的風俗禮儀。瀘沽湖畔摩梭人傳奇式的家庭婚姻型態，使美麗的瀘沽湖更蒙上了一層神秘的面紗，成為東方這塊古老的土地上最具神秘性和吸引力的母系文化奇觀，成了一個撲朔迷離的清幽

夢境。因而這裡被譽為「東方女兒國」。

「瀘沽湖」，摩梭人稱其為「咪」，其意係指一大片水；「咪」，有女、母、陰性等意思；聽起來就是「女湖」、「母湖」之意。瀘沽湖也是雲南與四川的交界湖，平均水深四十五公尺，湖水透明度達十二公尺，湖中有五個小島，三個半島。這裡居住著純樸、善良、勤勞、敦厚、熱情、好客的摩梭人，湖畔摩梭村寨古樸自然，摩梭人也是中國大陸地區，至今仍保留母系社會生活風俗的少數民族。在摩梭人的家庭中，係以母系家庭為主，世系按母系計算，子女從母居住，家庭無父親血緣親屬關係者；祖母是一家之長，母親當家理財，絕大部分生活由姐姐和母親去完成，舅舅、哥哥、弟弟則從事副業及經商，他們的收入也要交由祖母或母親收存和支配。走婚制是摩梭人的主要婚姻形式，在這裡男不娶，女不嫁，雙方各居母親家，晚上男方來女方家相聚，一早男方返回自已母親家從事日常勞動，子女也由女方的母親和舅舅扶養。古老的母系家庭風俗和秀麗的湖畔風光，使瀘沽湖更加神奇璀璨。因此，人們稱這裡是「山清水秀的童話世界」、「東方女兒國」以及「母系氏族最後一塊領土」，這是人類母系氏族文化保留至

今，世界上極為珍稀的文化遺存，相當具有學術價值。

在性事方面，女方占有主要的地位，有了對摩梭人的了解，人們才恍然大悟，為什麼摩梭人根本不存在離婚、寡婦、子女無人扶養、財產繼承、流浪漢等等社會問題，他們有自己的性愛觀念與道德標準，與傳統漢族文化所持的觀點完全是兩回事。在他們這個氏族中，大多數「阿夏」、「阿注」們都是相敬如賓、相互負責（「阿夏」，有些則稱為「阿注」，在摩梭語裡的意思即指「親密的情侶」。阿夏婚姻通俗的說法是為「走婚」。摩梭走婚並不拘泥於一個「阿夏」或是「阿注」。摩梭青年男女在婚姻生活的初期，可以自由選擇情侶，但不能同時與兩個或兩個以上的人交往阿夏／阿注的關係，男女皆如此。在外界及世俗的觀感上，確屬不可思議），只是沒有其他民族那樣明確而已。在某些村寨和某種宗教的家庭結構及婚姻現實中，不同程度存在這種現象，男性們既不是

名正言順的丈夫，又不是名副其實的父親，對妻子負責任，對兒女盡義務的事，男人們一股腦地丟到瀘沽湖裡去了。一旦他的女朋友關門拒絕，或者男人們喜新厭舊，往日情意便煙消雲散，只留下一場春夢，對於現代的觀點來說，這也是一個迷思。

在她們這裡男女性愛關係與經濟關係牽連不大，結合是自由的，兩情相願的，離異更是無瓜無葛，不會發生任何糾紛。男女雙方都有主動權，社會、家庭不干預，即使發生糾紛，雙方母親、舅舅們也會妥善處理。結合並不是以謀生為目的；離異也不會危及誰的生存，經濟再富裕也不會為彼此的結合而建立穩固的結構及可靠的基礎。摩梭「阿夏」走婚的相互結合、離散，其原因都是以感情為前導。因此，有的摩梭人成年後，男女雙方感情不合，在無孩子前更換「阿夏」、「阿注」是常有的事，而有了孩子後，就不可輕易更換了。在夜幕降臨之下，在黃昏時分，許多夜晚使者，暮來晨去。在他們性愛的天地裡，也不是大家所能想像的那樣，每個女子都可以去愛，每個男子你都可以去求，他們求愛方式是在生產勞動、工作學習、走村串戶、經商與其他活動中進行的，相互了解，具有一定感情基礎之後，相互

交換一些禮物，如手鐲、項鍊、戒指、手錶
及衣物等等為定情的信物，這些東西只有他
倆和母親才知道。隨著男女之間的感情逐步
加深，「走婚」而相聚的次數就越多，有的
情侶關係就穩定下來直到終生。如果男人只
會花言巧語、不誠實、無本事、遊手好閒，
時間一長，就得收拾回娘家了。

　　在摩梭族，成年的男人和女人並不婚
配，也沒有「你屬於我，我屬於你」的觀
念，情投意合就在一起，沒了感情就不再往
來，從來沒人死纏爛打（也就沒有情殺案或
因感情自殺的人了）。生了孩子由母系家庭撫
養，父親雖然不住在一起，但會送禮物、表
達關心，一樣也沒少，可能比大多數「文明」
社會的父親還要來得盡心盡責、有情有義，
每個孩子都能得到最好的照顧（他們極重視
老人和小孩）。

　　在摩梭人的社會裡，女人雖然因「當家」
而辛苦，可都是情慾自主的；男人儘管不能
為所欲為、呼風喚雨，卻能得到身心的清

閒。我介紹這樣的模式給選修我「兩性關係」課程的大學生，學生（無論男女）都說羨慕不已。這是怎麼回事？多少年來大多數的中國人都採取男婚女嫁模式的婚姻，爲什麼到了今天，反而是這樣具有彈性的關係叫人神往？

　　由此可知，離婚對於摩梭族人而言，是一個不存在的名詞；但是，其分手的原因卻是雙方感情不合，男方無所事事等等，此種生活型態對於現今社會是一項獨特的文化寶藏，但也是反照於現存社會中婚姻制度的許多限制。

笑解煩惱結—徐志摩與張幼儀

我將在茫茫人海中尋訪我唯一之靈魂伴侶。得之，我幸；不得，我命」。這可以說是徐志摩為自己短促的一生所寫下的註腳。

徐志摩是近代著名的文學家，他所寫的詩及文學作品仍傳頌於現在，二十歲的那一年（西元一九一五年），他畢業於杭州一中，打算進入北大深造。這時候，他父母已將他的婚姻大事定下了。女方張幼儀，是寶山張潤之的女兒，是張家璈、張君勱的幼妹。張家璈是當

時中國金融界的鉅子，張君勱是當時中國政界的顯赫人物。徐申如能攀附這門貴親，當然喜出望外，但徐志摩認為夫妻是靠愛情來結合，有了愛情，才有真正的幸福可言。所以和家人鬧得十分不快，不過在祖母、母親的柔情軟語下，他禁不起眼淚的沖刷，他順從了。西元一九一五年十月二十九日，徐志摩和張幼儀結婚於硤石。婚後他們沒有爭吵，也沒有歡笑，表面上他們相敬如賓，實際上卻缺少愛情應有的熱烈、纏綿與真誠。

徐志摩曾在哥倫比亞大學取到碩士學位，其論文是《論中國婦女的地位》。當徐志摩從美國到英國的時候，他認識了狄更生（Dickinson）。由於他的大力協助，徐志摩取得了特別生資格，在劍橋大學隨意選科聽課。在同時他認識了林徽音，由於林徽音之父林長民的不反對，使得林徽音和徐志摩之間的感情迅速發展。就在此時，張幼儀也從中國趕到了英國。她來英國是徐志摩的主意，希望能開開眼界。但她來的時候，徐志摩和林徽音正在熱戀當中，一個人孤單的生活。張幼儀受不了這樣的日子，獨自一人到德國柏林留學去了。在她走後，林徽音也從初戀的狂熱中冷靜下來，理智終於撞破了情網，讓她作出明快的選擇。

要麼中止戀愛，保持眞誠的友情。若要論及婚嫁，徐志摩必須先與張幼儀離婚。於是徐志摩寫了一封信給張幼儀，信中說道：「眞生命必自奮鬥自求得來！眞幸福亦必自奮鬥自求得來！眞戀愛亦必自奮鬥自求得來！彼此前途無限，彼此有改造社會之心，彼此有造福人類之心，其先自作榜樣。彼此尊重人格，自由離婚，止絕痛苦，始兆幸福，皆在此矣！」而梁啓超知道後，以老師的身份寫信加以勸阻「嗚呼志摩！天下豈有圓滿之宇宙？」、「當知吾儕以不求圓滿爲生活態度，斯可領略生活之妙味矣」、「若耽迷於不可必得之夢境，挫折數次，生意盡矣。鬱悒佗傺以死，死爲無名！死猶可也，最可畏者，不死不生而墮落至不復能自拔。嗚呼志摩，可無懼耶！可無懼耶！」但無法改變他離婚的決心。

就在西元一九二二年三月徐志摩二十七歲的時候，和張幼儀在柏林協議離婚，而在覆函給其恩師梁啓超的信中，徐志摩曾寫下

這樣一段文字：「我將在茫茫人海中尋訪我唯一之靈魂伴侶。得之，我幸；不得，我命」。這可以說是徐志摩為自己短促的一生所寫下的註腳。

事實上，張幼儀與徐志摩的婚姻關係不過短短七年，縱然在離婚後的張幼儀與徐家仍有著密切的關係，但至少從她離婚的那一天開始，幼儀是個身分獨立的女子，不再是依附於任何男人或家庭之下的女人。這段悲劇般的婚姻，張幼儀的角色只能是被動，但得以主動的徐志摩，卻將自己帶入這段婚姻關係之中，也將張幼儀關入婚姻的無形牢獄裡面。

因此，在徐志摩身為藝術家的浪漫理想中，追尋完美的愛情與自由的解放是獨一無二的真理，離婚成為反抗世俗的表達方式；張幼儀恰好不是他幻想中理想的情人，因此選擇離婚而不顧現實或張幼儀的是非善惡，自然是很正常的出路了。我無意指稱這個婚姻有無對錯，只是嘗試通過將近一世紀前的一段婚姻關係來反思現今的婚姻觀：在現今這個人人著西服的世代，我們是否已然換上穿著皮鞋的腳？抑或我們也不過是包在繡花鞋中的三寸金蓮，與西服相配所產生的不協調？還是，將之比擬為「小腳」或「西服」是太過簡單且是一種根本上

的錯誤？如果我們不曾深刻地思索自己所擁
有的是什麼，又怎麼能夠如此僅僅以一個詞
彙來涵蓋／形容整個人呢？

愛情，是一支舞曲。一定要兩個人心甘情願，踩著相同的步伐，依照相同的節奏，才能跳出曼妙的舞步。

笑解煩惱結
——警察故事

我過去從事的是警察工作，警察工作所承受的壓力是不為外人所道的，必須忍受非人、日夜顛倒的上班時刻，回到家也可能一個人也沒有，而警察人員與妻子之間的衝突，常是從小細節而來的，造成夫妻之間的嫌隙而摩擦發生口角，進而爆發嚴重的肢體衝突，演變成離婚的地步，而這樣的結果並不在當初的預期中。

警察人員的離婚率較一般公務行政人員，確實高出許多，警察人員因為警察勤務時間的關係，使得夫妻之間無法常常聚首，形同守活寡，而在過去所帶的警察同事中，曾有一位是離婚的警察人員，與他同事的那段時光，也正是陪他走過這段離婚的尷尬期。常常與他聊

起，才知道這段過往雲煙，他說：

「這段時間，對我來說，是生命中所遭受到的重大挫折及衝擊，我年紀輕輕就已經結了婚，而結婚的理由無他，就是奉子成婚，當時的我才二十四歲，而她，我的前妻則是二十二歲，我們相處了七年的光陰，也不懂得處理夫妻之間的婚姻關係。當時我年輕好玩，總是在下勤務後跑去喝酒，而在前妻懷孕的那一段期間，我喝了整整一年的酒，將她冷落在家裡，而陪她去產檢的次數則是用手指就可以數出來的，而前妻依舊對我百般容忍。直到有一天，當她對我提出了離婚的話時，我當時還不以為意，根本不當一回事，等到那一天到來，我回到了家中，看見桌上已經擺了一張簽好了名的離婚協議書時，我這才相信她真的要與我離婚，才知道為時已晚。這樣也好，對她來說，也是一種解脫吧，讓她自由吧！讓她做自己想要做的事，她這麼年輕就嫁給了我，對她應該也是一種委屈吧？當時我心裡真的這麼想。」

聽了同事的故事後，心中不禁起了一陣陣漣漪！不時地牽動著我，任何人若遇到婚姻問題或是面臨婚姻破裂，情緒上總會遭逢極大的困擾，感到憤怒、失落、悲傷，甚至於內疚與無助，同時間又必須要處理一些複雜的事情並做出重大的決定，更可能涉及法律的訴訟，而這些壓力常令人感到身心俱疲。這時候最重要的不是歸究誰對誰錯，而是盡量不要將情緒困擾和實際問題混為一談，才能夠積極地與理智地去對付這個危機。

　　現代人的價值觀念，隨著社會不斷地演變而轉變，在婚姻觀方面，一般人視分居、離婚等問題，都比以往持有較開放和接受的態度。然而，每段婚姻的組成，都具有其獨特的價值，在還未走上紅毯的那一端之前，似乎應先思考「我為什麼要結婚？」、「我已經成熟到可以結婚了嗎？」、「婚後我會善待我的另一半嗎？」、「麵包與愛情之間孰重？」等等的問題。

　　婚姻真的是要夫妻之間努力地經營，雙方一同努力成長，當一方跟不上另一方，或是一方無心想跟上另一方時，婚姻自然就有了危機，不要再苦苦逼迫對方留下來，也不必追問任何不愛的理由，當對方執意分手，就讓愛隨風而逝。他得到他想要的，你得到自由。無論是

否會後悔，彼此都不必爲對方的決定負責。
重要的是，必須對自己的人生負責！很多瀕
臨破裂的感情，其實是靠單方面「你讓我很
難過，我也不會讓你好過！」的關係在維
繫。問題是，這種勉強的愛情，貌合神離，
又能撐多久？愛情，是一支舞曲。一定要兩
個人心甘情願，踩著相同的步伐，依照相同
的節奏，才能跳出曼妙的舞步。當對方已經
不想跳了，你硬要抓著他的手、拖著他的身
體，荒腔走板地舞下去，這場舞跳得已經夠
難看的了。難道非得跌個四腳朝天、弄到你
死我活，才願意曲終人散？

　　不要以爲結婚了，女方就可以就此以爲
找到了長期飯票，而男方也以爲可以不拘小
節了，當過往的恩愛化成烏有，過去結婚的
原因消失之後，曲終人散時，這些個不快樂
的「空殼」婚姻，終將結束。

婚姻的質與量是確保心理健康的重要因素，婚姻幸福對「總體幸福感」的貢獻遠遠大於其他因素。

離婚提高死亡率？

　　夫妻長久相處，相互深刻瞭解，享有共同的生活歷程，逐步建立起夫妻之間的盟約與認同感，便能達到夫妻之間感情的穩定、成熟的境界，且隨著婚姻生活的成熟，夫妻之間的感情也就更趨於健全。但還有相當部分的家庭夫妻感情並未進入所謂的「健全狀態」。

　　研究顯示，離婚和分居後，人的身體機能及免疫功能會下降，各種身體症狀，例如：頭痛、心悸、哮喘發作、消化道症狀、體重下降、脫水、性方面的問題顯著增加；急性疾病求醫率增高；胃潰瘍、高血壓、心肌梗塞、糖尿病以及某些傳染性疾病發生率相對升高，死亡率也高於其他個體。

也有研究結論認為，婚姻破裂是緊張性最強的生活事件之一，與已婚者、寡婦、獨身者相比較，離婚和分居者心理健康和身體健康都明顯有所差別。離婚者即使再次組成一個美滿的家庭，離婚事件仍然會是一個刺激源，並且對於人的精神傷害具有持久性的特質。

　　在美國全國性的一項調查資料顯示，婚姻的質與量是確保心理健康的重要因素，婚姻幸福對「總體幸福感」的貢獻遠遠大於其他因素，例如：滿意的工作、友誼、升遷、高收入等。

　　而在對離異家庭子女的追蹤研究也顯示，父母離異會給孩子帶來精神上的挫敗感及傷害，嚴重的甚至會導致子女出現偏差行為或精神疾病。而破碎家庭中的孩子，學業成績差、好動、說謊、偷竊、逃學、攻擊行為、反社會行為與酒及藥物濫用、離家出走、早發性偏差行為、青少年犯罪、自殺等行為，也明顯多於完整家庭之子女。

而如今，全世界結婚率呈現下降的趨勢，然而離婚率迅速地攀升。那麼，離婚後的男女，誰最痛苦呢？

　　社會科學家曾對300對剛剛離婚的男女做過調查，令人震撼的結果是：被調查的150名男人中，有7人自殺，3人入獄。英國科學家也發現，離婚的的男人年輕力壯時死亡率大約比女人高76％。

　　被調查的德國男人承認，他們遭受最大痛苦是難以孩子相見，其次是因給予前妻贍養費而造成的經濟壓力。德國許多男人在離婚十個月後又找到了新的生活伴侶，只是不結婚。16％接受調查的男人說，離婚是他們非常後悔的一個錯誤。而另據德國的一項統計顯示，三分之二的離婚男女都能重新建立新的家庭。

　　不少人在離婚之初，都不知道下一步應該怎麼走，經濟問題、生活問題、子女教育問題……接踵而至，再加上本身的心理困擾，眞有點「過不下去」的感覺。的確，離婚者不但要調適個人角色的丕變，還要應付生活型態的轉變，這對滿懷失望、寂寞徬徨的單親者來說，要如何調適，跨越心中鴻溝，就成了面對再度單身的第一課題。因此，在生活上盡量訓練自己獨處，另外，如果有時間不妨去參加義工、社團活動，多與人群接觸，

切勿自怨自艾，孤立起來。一些案例告訴我們，一旦揮別過去經常爲了孩子、家人一回家就做飯、等門的日子，而再度單身，離婚者應積極擴展自我生涯，參與成長課程充實自己、善待自己，一般較能快速從創痛中走出來。如果，自己無法突破時，求助朋友及心理諮商機構，自然比自己悶著鑽牛角尖要來得妥當，並且應時時提醒自己，婚姻挫敗絕對不是一生的失敗，人生隨時都可以再重新開始。

那麼，如何戰勝離婚的危機？當然沒有任何的「仙丹妙藥」，但是，心理醫生曾給離婚的男女們幾點「忠告」：

第一，　不要把離婚的責任全部推給對方

第二，　仇視對方的想法也不足取

第三，　不要幻想所謂「幸福的分手」，因爲離婚本身交織著多種情感——仇恨、憤怒、委屈、傷心。如果這些感情得不到宣洩，而變成潛意識，那將是非常危險的。

所以，你心裡有什麼愛啊、恨啊……等

情緒，你就盡情地發洩吧！一陣宣洩之後，你再捫心自問：我錯在哪裡了？

結局未完成

離婚後，路繼續走

過去人們把離婚當成是痛苦生活的開始，現在人們離婚時的感覺不是「我完了」，而是破繭而出後的「新生活開始了」。

　　婚姻表面上，看起來是很簡單，許多對婚姻充滿憧憬的人，以為二個人彼此相愛，每天住在一起共同生活，就能夠「從此以後過著幸福快樂的日子」。然而，大多數沉醉美夢中的男女，多半認為婚姻是愛情甜美的歸宿，滿心喜悅地步上紅毯的那端。而已經結

了婚，卻認爲是愛情痛苦的毒藥。婚後埋怨自己找到的不是理想中的好太太、好丈夫；然而，好太太、好丈夫的定義又如何呢？夫妻是相輔相成的，一個壞丈夫絕不會有個好太太，他只會有一個可憐的太太，同理，一個壞太太也不可能把好丈夫留在身旁，或許看到人家的妻子、丈夫有多好多好，就算當初嫁娶的人是你與我，也不能保證這段婚姻一定幸福。

過去的婚姻，有著傳統的觀念與制度去維繫關係。現今社會型態急遽變遷，社會功利主義瀰漫、婦權意識抬頭，如今社會上的怨偶似乎越來越普遍了。婚姻狀況危如累卵，離婚率普遍提高，而在婚姻中鬧婚變的理由不外乎是：婚後，兩個來自完全不同的家庭，有著不同生活習慣及極大的思想差異造成爭端。有時演變成肢體暴力、言語暴力與姻親之間的衝突、不被尊重、沒有自我及經濟的壓力，子女教育問題，甚至香火延續等等問題。也許婚後夫妻倆朝夕相處，久而久之一成不變的生活，漸漸產生一種倦怠，或者因工作的關係，兩地相隔、寂寞難耐，因爲社交生活圈的擴大，你有你的「紅粉知己」，我有我的「青衫至交」，逢場作戲，假戲眞做，忽略了對方，終究走上離婚一途。

其實，並非所有的離婚過程都是毀滅性的戰爭，離婚不一定會被歸類於惡意，或是不足取的一件事件來看待，我們不能否認，離婚確實使得許多人傷心欲絕，但是離婚也是一種社會存在的現實。對大多數的人而言，離婚雖然是痛苦的，但掙脫不幸婚姻總比生活在不幸的婚姻中，飽受沒完沒了的苦痛要強得多。臺灣地區有一個漫畫家朱德庸就曾說過：「許多人結婚是爲了父母，不離婚是爲了孩子。」現代人要做的，是如何將離婚的負面影響減到最小，無論是對當事人還是孩子都應如此。如果眞做到了這樣，離婚就不再是傷心的代名詞了，而是一種療傷的手段，是另一種意義上的新生。法國思想家泰恩（Taine）曾總結婚姻說：「婚姻是相互研究了三週，相愛了三個月，爭吵了三年，最後相互忍耐了三十年」。這「忍耐」可能是經過磨合達到彼此適應、彼此習慣；也可能是聽任命運的安排，心灰意冷地進入麻木階段。如果是後者，對於他們來說，離婚

就是一種正確的選擇，一種自我破繭而出的選擇！

　　痛苦當然可以遺忘，只是在不自覺中想起時，仍是不能自己地再度陷入深層的悲傷中，然而卻必須在短時間內重整自己，因我們無法永遠背負痛苦，走出自己才是重要的。你可以在這裡盡情宣洩情緒，但請記得宣洩完畢時，好好走出面對人群。悲傷並不可悲，可悲的是你無法從悲傷中走出自己。過去人們把離婚當成是痛苦生活的開始，所以不少人是哭哭啼啼來辦離婚的；現在人們越來越能以平靜的心態來看待離婚，離婚時的感覺不是「我完了」，而是破繭而出後的「新生活開始了」。

離婚，
也要活得有尊嚴

對於婚姻，在平時就應注意並體檢情感角色的
「婚變」，不要等到真病沒藥醫的「外遇婚變」
而驚慌失措。

現代人由於社會開放，外界誘惑增多，
基本上常以自我爲中心，所愛的常是自我的
影子。因此，人所面對的困境，即是自我一
直停留在慾望和慾望所投射的範圍，跳脫不
了；若一個人的自我長久停留於這樣的狀
況，便很難去認識其他人，或去接觸他人的
內心深處，如此更遑論建立和諧的婚姻關係
了。

馬斯洛（Maslow）認為人類有很多基本需要必須獲得滿足，而最低層次的需要是「生物性」的，如餓了就要吃東西的生理需求；第二層次為「安全感」的需求，如對家的渴望，由此層次起皆為心理性需求；第三為「隸屬感」的需求，這種隸屬感也是幸福感覺的來源；第四則是「活得尊嚴」的需求，如待人接物感受到被尊重，這「活得尊嚴」的最高層次亦即是追求自我實現。不過，自古至今，由歷史來看，能夠達到「自我實現」的人並不多，大半都是聖賢偉人，因此，至「自我實現」此層次實非易事，而且若沒有對「自我」先有正確認知的話，則「自我實現」更是一種妄求。「仰首攀南斗，翻身倚北辰，舉頭天外望，無我這般人」，人們必須達到真正的自我自覺後，再不斷超越自我，自我才會逐步獲得實現；如果我們只是一昧的強調自我實現，但真正的自我卻仍十分膚淺，其結果只會變成一個自我中心的人。因此，一個不注意他人、不管別人存在的人是不太可能達到真正的自我實現，人的完美必須不斷地落實在自我超越之中，才有可能真正地達到所謂的「自我實現」境界。

　　夫妻之所以離婚，大多認為分手後的生活方式，應

該會比原本婚姻中的生活更值得追求，希望能拋開這一切不愉快的經驗，同時解決或脫離婚姻中令彼此痛苦的問題。然而，許多夫妻因為一心急著要掙開婚姻枷鎖，追求完整的自我，便在匆促的時間內完成了法定程序、處理小孩監護撫養權及搬離原居住處等問題；身心都會被負面情緒籠罩，不安、心虛、罪惡、丟臉、悲傷、無依、憤怒、仇恨、自卑等等。而在離婚後，一心想要適應離婚新生活及彌補對孩子的愧疚，總是生活更忙亂。很少有夫或妻願意在離婚前去聽聽離婚講座，或在離婚後去上離婚夫妻課程，學習離婚夫妻人際關係及家庭關係處理。因為每一對離婚夫妻在離婚後的互動時，往往又產生了新的問題，在舊恨新仇交加，心情自然不佳的情況下，自我調適與成長均受影響。

婚姻難為，絕非技術層面的問題，而是結構性的問題。婚姻制度是父權社會的產物，是十足工具性的，男人負責養家活口，

女人負責生兒育女。它與浪漫愛情是有所差異的。男人為了養家活口，自會將功名利祿放在他們人生順序中的首位。家庭伴侶永遠擺最後，甚至被他們忽略到可悲的地步。女人常言：「我要一個男人，而非一個陽具。」甚少男人意識到他們只把自己當成陽具，把老婆、兒女當成工具。

對於婚姻，在平時就應注意並體檢情感角色的「婚變」，不要等到真病沒藥醫的「外遇婚變」而驚慌失措。人若能以憂患意識及歡喜心來正視婚姻中的種種問題；由「看山不是山，看水不是水」，進而「看山是山，看水是水」，最後走入到「桃花源」的新境界。提起勇氣面對婚姻，細細品味「婚姻山水」，「走過婚變」而不是「走出婚姻」。

假性離婚

離婚只是個開始,並不是解決問題的萬靈丹。

按夫妻結婚同組家庭,共營同居生活,理應互敬互諒,互相扶持,以維持婚姻生活之永續發展,惟一旦感情生變,破鏡難圓,雙方無願維持夫妻關係時,得由夫妻雙方依民法第一千零四十九條規定以協議方式離婚,如雙方無法協議,則須由一方或雙方提起民事訴訟請求法院裁判之。法院准駁之依據,即以有無具備離婚事由而定。臺灣的離婚率,反應的不過是臺灣現今婚姻品質之現狀,婚姻出了問題就應該及時尋求解決,離婚不過是其中一個法律上規定的解決方法,

也是人們在尋求改善生活品質的一種方式。

臺灣的離婚率超過28.3％，雖然比不上美國、法國和日本這些國家，但也已經非常驚人了！可是，如果更深層的去研究那些未曾離婚的家庭，也許你才會大吃一驚──原來，有那麼多表面看起來和平共處的夫妻，事實上只在維持一種功能不全的假性離婚，也就是廖輝英所謂的「假面離婚」或「家庭內離婚」。

這一類婚姻，夫妻感情不是早已蕩然無存，就是各行其是；但為了子女或某種因素（如太太沒有經濟能力），勉強維持這椿婚姻的名份和部分功能，例如，夫妻仍各司其職，該拿錢回家的就拿錢回家、該燒飯洗衣的照樣燒飯洗衣，但夫妻之間「不性」、不交談（有重要大事就透過孩子傳話或寫紙條）、不一起行動。在美國做過一項調查，婚姻生活到六十歲還維持美滿的夫妻中，有99％他們的另一半，不是合乎當初他們心目中的人選，理念多半不相同，而且幾乎都是其中一個愛另一個多。

假性離婚大部分肇因於夫妻個性無法協調的歧異，如經濟觀、宗教觀（某一方信教虔誠到讓另一方不滿的程度）、人生觀或親友問題；真正因外遇而導致如此的

反而很少，不能說沒有，但絕對不是主因。很顯然，這外遇事件不曾具備令外遇一方想要離婚而與外遇對象另外再婚的力量；如果不是因外遇對象沒有那麼叫人傾心，就是外遇對象總體而論並沒有比目前的配偶更適合這個婚姻，要不就是外遇對象不想或不能與之結婚。

想要離婚的婦女並不是特例，這些女人的處境是父權社會下的時代產物，同樣的戲碼，每天都在個別家庭中上演著。當我們面對婚姻、家庭內所隱含的各種權利不均、不公平的婚姻現狀，我們必須正視男女不同的社會處境。

在臺灣，人們循著這種禮俗、文化環境、甚至父母期望、同儕壓力而結婚。一旦進入婚姻，問題便接續而來。對女人而言，最大的問題根源來自於法律規範的不公平，當女人進入婚姻，獨立自主的基本權利立即喪失，成為丈夫的附屬品，不具有住所、財產、子女監護的自由權。

先生外遇、婚姻暴力、精神虐待、不顧家，支撐全家重擔的婦女，再也不勝負荷了，這些飽嚐婚姻苦果的婦女，也並非一開始就想要離婚，她們也曾眷戀愛情的甜蜜；為了給孩子一個「完整的家」；一心巴望先生改變，有回頭的一天。當她克服了心理的痛苦，決定離婚時，她才發現她已陷入離不了婚的困境之中。

不管如何，離婚總是勞民傷財大出血的事，如果配偶各自為政，但卻各司其職，至少這個家還能運作如常；而夫妻各自也擁有一片天空，反而因不相聞問而各自享有相當程度的自由，那麼，不離婚又有什麼關係？對賺錢回家的人而言，至少家和子女都有人照顧，拿回去的錢算安家費——這些錢大抵不會給得太慷慨，差不多就是夠用而已。給錢的人鐵定琢磨過，請個保母和菲傭，所費不可能比這錢來得少；可這臺傭兼保母又兼家教和很多角色的人，可信度卻絕對讓人無後顧之憂的。

婚前的熱戀，會由濃轉薄；婚後的愛情，當然也有可能會走下坡。愛情，在剛開始的時候，都會在相互的探索中，

隨時有新奇的發現。但是，如果其中一方是個淺薄的人，相處不了多久就會漸漸疲乏。再看看英國的王室。在過去，王室的成員應該個個都是家庭美滿的模範人士。到了現代，大家不再問哪一位英國皇族離婚了？而是問哪一位王子或者公主，仍然沒有離婚？

而假性離婚的另一個特色是：妻子通常沒有正式職業，最多僅是自己做點兼差貼補家用而已。這也解釋了為什麼這一對不乾脆離婚的原因，離不開孩子當然很重要，但女性因結婚和生子而不得不辭職的大有人在，再度就業困難重重；如果離婚，因為沒有經濟力，就必須同時面臨了失去孩子與目前生活水準的雙重損失，這使女人不得不選擇留在功能不全的婚姻之中。顯然的，經濟不獨立的話，連離婚的權力也會喪失，因此，只要配偶不提出離婚要求，女人也就屈就這種偏安的假性離婚了！

這也就是目前許多年輕女性即使結婚生子也不肯輕易放棄職業的原因，孩子會長

大，三、五年間就不需要母親全天候照顧了，所以她們寧願花錢找人代為照顧，而不肯辭職，只要想到：「維持一份工作，就是維持自己人生主導權」有了這樣的想法，再困難也要維持住工作。所以我相信女性經濟力越穩固，會使離婚的籌碼越大，在婚姻上越不可能委曲求全，也因此，未來所謂假性離婚應該會減少才對。

那麼，為什麼離婚不是那麼容易？

首先，要把人物的關係單純化，才能夠把婚姻關係還原到兩人關係；不，正確地說，把「你儂我儂」合而為一的婚姻關係再一次進化到「你是你、我是我」的感情關係。這時候如何簽訂一張離婚協議，就是考驗的開始。只要有任何一方不想離婚，不論原因是為了財產、為了孩子、為了報復、為了……，要說服另一方乖乖簽字，可就得八仙過海、各顯神通。

接著，自己在離婚後是否有足夠的經濟能力？自己在離婚後是否能夠面對親人好友的譏諷？自己在離婚後是否能夠處理小孩的情緒？這些都不是小問題，而且也需要長期抗戰。所以說，離婚只是個開始，並不是解決問題的萬靈丹。

這樣的結論自然會使一些沙文主義者沾沾自喜而企

圖打壓女性的發展，其實，很多人忽略了一件最重要的事——哪一個人結婚之初不想好好維持這椿婚姻？即使是事業成功的女性也不例外。女性有經濟自主權，只代表女性在面臨一椿不合格婚姻時，不再只有無盡的忍耐而已，畢竟，假性離婚仍是不得已的權宜之策。男女雙方都擁有經濟自主權，至少可以激發很多男女，更用心於兩性的溝通、了解、寬諒、平等與合作；也許會更愛惜得來不易、摧毀起來卻可能極為迅速的婚姻狀態。

「愛是一種全心的承
諾，使對方的潛能得到
充分的發展。」

未完的結局

　　一般社會均以離婚率來測定婚姻、家庭及其社會的
安定度。但婚姻的破裂，鮮少是因為單一的因素。通常
是經過一連串不如意小事件的日積月累，直到雙方無法
忍受，才會離婚。在孩童時期，有過不快樂經驗的人們
會離婚，但嚐過幸福滋味的兒童，也不一定就不會離
婚；在此，想要再提的是，離婚後有兒女的家庭可能會
產生的問題，例如，若需要再組織家庭，會有繼父母之
存在、前夫妻子女之同住、異父母弟妹之出生等可能，
此時必須慎重地評估子女的需要，使家庭成員在再整合
的努力下，面對新情況時有能力去適應。

　　因此，從個體上看，結婚似乎是個人的選擇，是個

性成熟的結果，是感情發展的自然；但是，從宏觀上看，婚姻作為一種制度是為了回答社會生活中的這些問題而發展起來的。它源生於性，也借助了性，但如同毛毛蟲蛻化為花蝴蝶一樣，它發展成為分配生育的社會責任、保證人類物種繁衍的一種方式，成為一種在人類的生存環境中，有內在結構性關係的制度。

婚姻制度變化中，最重要的一條就是婚姻自由，這當然包括有「離婚自由」，而有些先進國家的婚姻制度核心原則就是在此。就趨勢來看，這種變化使得個人選擇的成分增加了，並成為主導的因素。這顯然是符合市場經濟原理的。由於價值是主觀的，效用要依個人的偏好來衡量；因此，結婚和離婚的自由原則上是既有利於社會財富的增加，也有利於社會福利水平的提高。

現代社會的多元化造成許多家庭婚姻的問題益形複雜，而離婚事件隨著逐年的統計指數上揚，更讓我們注意到現今社會的婚姻

價值觀，似乎已不再如從前的一成不變。處在這個時空中的現代人對於婚姻亦有各自一套論點，或許有人趨近保守傳統，有人卻大膽激進，各自在自己的婚姻世界中品嚐酸甜苦辣。個人對於婚姻的迷思常是左右我們在婚姻路上踟躕難行的關鍵所在。

社會進步是基於教育開始普及，人們主張平等，於是在傳統重男輕女的社會裡，女性的地位開始提高。以前的婚姻多是盲婚啞嫁，一切要聽從父母的決定，不能反抗，所以婚後也絕少離婚。而且，當時的社會是男主外女主內，女性要依靠男性持家過活。現在女性的知識水平提高，可以獨立生活，不需依靠男人過活，再者，現今已是自由戀愛的年代，人們不再受媒妁之言、父母之命的束縛，正所謂「合則來，不合則去」，女人有條件提出離婚。所以，離婚率比以前高反映了社會進步的一面。然而，從現實生活的角度而言，離婚又好像是一股擋不住的洪流，衝擊現代的社會。配偶真的可以像一件穿舊了的衣服一樣，鮮豔亮麗的時候珍惜，褪色老舊的時候便丟棄嗎？或是，一句個性不合，想換個杯子喝水，生活不再有味道等理由就可以成為離婚的藉口？當然，許多離婚的原因乃是很嚴正的、情非得已的，例如

婚姻暴力，外遇等因素。

有些夫妻或伴侶為了證明他們「分手後仍是朋友」。對於曾經的這段「婚姻」則是以和平分手來作為結局，也有太多人會對自己的婚姻歷程坦承：「當初沒想太多就跑去結婚了。」不過，由於「彼此觀念不同，不牽絆對方的未來」，所以簽字協議離婚，「希望能夠畫下一個圓滿的結局」。

古時候的人們倫理道德抱得緊，社會保守，現代社會開放了，貪圖享樂，追求虛榮，道德低落，倫理還過得去，「隨緣」講多了就「隨便」起來，「男女關係」以為愈複雜者愈「時髦」，男女相通，情投意合就「睡」，翻臉就「散」，愛了就結婚，恨了就離婚，好像就是這麼一回事。

雖然離婚在現今的臺灣是件稀鬆平常的事情，但高離婚率並未減輕當事人的創傷與痛苦。為什麼曾是相看兩不厭的戀人，結婚久了會變得冷眼相對？難道夫妻久了，就沒有情愛？這是因為愛情的組合，並非一個

「愛」發牢騷的，就能遇到一個「情」願受氣的。隨著日子的流逝，雙方的親密與欣喜也許會消失，關係就會面臨破裂的危機。

俄國大文豪托爾斯泰（Leo Tolstoy）在他的名著《安娜‧卡列尼那》的開頭就說了一句名言：「每個成功的婚姻背後都有共同的成功原因；而失敗的婚姻則各有各自的失敗原因。」非常值得大家深思。

兩性關係不僅是養家活口或照顧家庭而已，還牽涉到人們根深蒂固的「Kimogi」（奇檬子）問題。有一句話很有意思：「女人的溫柔是男人哄出來的，女人的兇惡也是男人逼出來的。」

事實上，無論是男人或是女人，唯一的願望就是希望對方能抓住其內心的感受，更重要的是把對方的「Kimogi」安撫好。

許多人就常會說：「我要求的並不多，只要他／她了解我，做牛做馬我都甘願。」那麼要如何了解對方感受？答案其實很簡單，那就是把問題攤開來，大家好好地溝通，確定了解雙方的心理，使波長相同，彼此能接收到對方的思想和感情。

在溝通中，很重要的不是「講」什麼，而是「聽」

什麼。當你憤怒時，常會說出一些自己無法控制的話語，像箭一樣地射傷對方。爲了避免擴大爭端，說話應委婉，例如，不要說「我眞受不了你這麼做！」應改爲「我比較喜歡你這麼做。」培養隨時停止爭辯的能力，以免弄得一發不可收拾，甚而忘了爲什麼而爭執，講了半天仍不知道對方需要的是什麼。

要知道，溝通的目的是爲了要瞭解對方，而不是改變對方。許多人都有一種強烈的意願，希望對方因爲愛你而改變，改變成你喜歡的樣子；然而，往往很多的衝突和誤會都因此而生。

法國作家查爾頓也曾說過：「與自己所愛的人一起生活的秘訣，就是不要想改變對方。」不要以爲已經結婚了，自己的想法便可代表兩個人的想法，要尊重對方的自由，讓他／她做自己，而不是去支配他。

《婚姻路上經營少》作者史卡佩克，在書中爲「愛」下了一個完美的定義。他說：

「愛是一種全心的承諾，使對方的潛能得到充分的發展。」如果你真的愛一個人，你希望他／她的才能得到發展，充分變成他／她自己，如果你吝於支持，那並不是愛。

曾有個笑話說：如果哥倫布有個多疑的妻子，他還能發現新大陸嗎？她一定會問：「你去哪裡？跟誰去？去做什麼？什麼時候回來？為什麼那女人（英女皇）會無緣無故給你三艘船？」真正的愛就是支持他，凡事相信。

如果雙方能致力於清除他們之間錯誤的情緒死角，愛對方，但讓對方選擇自我的滿足，那麼這個婚姻將益加芬芳，並繼續成長。

緣分是找到包容你的人，不管你是已婚或未婚，有男朋友或沒男朋友，有女朋友或沒女朋友，希望讀了這本書，或許，會讓自己更暢快一點……。

諸葛亮，
你在說什麼？

〔即將出版 敬請期待〕

岑石／編著

先人的智慧有如流水，有的人看見水奔流不息，想到自己應該學習它，
不捨晝夜地奔赴理想；有的人看見水滋潤萬物，想到自己應該效法它，
源源不斷地養護生命。先人的智慧，因為有您的省思，
不再是死的資訊，先人的智慧，因為有您的學習和效法，
它活在您人生的每一分秒中。

葉子好書推薦

戀愛儲蓄險

人生中最渴望想保的意外險，卻沒有一家公司推出
因為沒有人敢保證你的情人不出軌
靠人不如靠己，全靠這本秘笈

海洛茵◎著

戀愛蹺蹺板

戀愛就像在玩蹺蹺板，
兩個人剛剛好，
三個人永遠分不平，
玩久了覺得無聊，
退出後又想再加入；
永遠有一個人在上一個人在下，
達到平衡時不見得有趣呢！

奕旭 ★ 著

近期出版·
敬請期待

「慾望」是生命的靈，
是身體運轉的驅動程式，瘋狂傲笑在地球的城市裡，
貼切描述在「慾望‧瘋城」的故事中，任君玩味。

這不是一本高道德的文學藏書
沒有假猩猩的文學寫作
有的只是城市男女的愛慾交葛
讓你體驗現代男女的情慾世界……
從事電視編劇工作多年的作者
跳脫收視率框架，找到自己真正的創作空間

真心推薦　紫薇系列　01 戀愛野蠻告白　02 慾望瘋城

一夜情是性與靈的追逐
一夜情是男人與女人間的角力
一夜情是人和自己慾念的拔河……

這是一本為One Night Stand
　　　　　　找個好理由的書

如果你已經是VIP級會員
或是久病成良醫的累犯
這本書可以讓你重新＊解＊構＊情＊慾＊
體驗另類高潮～

如果你沒有嘗試過甚至沒聽說過ONS這個鬼玩意兒
這本書可以觸動你某部分的心弦
讓你和慾望的麻煩保持距離喔！

葉子好書推薦

一本提供紅塵男女在愛情的世界中
如何對愛情的戰爭及男女之間的各種矛盾
提出一解決之道
並以國外的事例、社會當前的現象
提供給想擁有愛情或要搶救愛情的都會男女的參考聖典

追求時

男生：「我愛你，我願意為你赴湯蹈火，
願意用我的生命來換取你一絲的笑容。」

到手時

女生：「如果你愛我，為何不願意天天來接我，
配合我從底部擠牙膏，
愛我請你也順便記得掀馬桶蓋！」

全新系列 紫薇

01 戀愛野蠻告白 ☆11月發行
02 慾望瘋城 ☆11月發行

－上市熱賣中－

定價：200元

106-□□
台北市新生南路3段88號5樓之6

揚智文化事業股份有限公司　　收

□□□-□□

地址：　　市縣　　鄉鎮市區　　路街　段　巷　弄　號　樓
姓名：

Leaves
Publishing

書號 L4002　　　　書名 從一對變成兩個

葉子出版股份有限公司

讀·者·回·函

感謝您購買本公司出版的書籍。

為了更接近讀者的想法，出版您想閱讀的書籍，在此需要勞駕您詳細為我們填寫回函，您的一份心力，將使我們更加努力！！

1. 姓名：＿＿＿＿＿＿＿＿

2. E-mail：＿＿＿＿＿＿＿＿

3. 性別：□ 男 □ 女

4. 生日：西元＿＿＿年＿＿＿月＿＿＿日

5. 教育程度：□ 高中及以下 □ 專科及大學 □ 研究所及以上

6. 職業別：□ 學生 □ 服務業 □ 軍警公教 □ 資訊及傳播業 □ 金融業
　　　　　□ 製造業 □ 家庭主婦 □ 其他＿＿＿＿

7. 購書方式：□ 書店 □ 量販店 □ 網路 □ 郵購 □書展 □ 其他＿＿＿＿

8. 購買原因：□ 對書籍感興趣 □ 生活或工作需要 □ 其他＿＿＿＿

9. 如何得知此出版訊息：□ 媒體＿＿＿＿ □ 書訊 □ 逛書店 □ 其他＿＿＿＿

10. 書籍編排：□ 專業水準 □ 賞心悅目 □ 設計普通 □ 有待加強

11. 書籍封面：□ 非常出色 □ 平凡普通 □ 毫不起眼

12. 您的意見：＿＿＿＿＿＿＿＿＿＿＿＿＿＿＿＿＿＿＿＿＿＿＿＿＿＿＿
　　　　　　＿＿＿＿＿＿＿＿＿＿＿＿＿＿＿＿＿＿＿＿＿＿＿＿＿＿＿

13. 您希望本公司出版何種書籍：＿＿＿＿＿＿＿＿＿＿＿＿＿＿＿＿＿

☆填寫完畢後，可直接寄回（免貼郵票）。

我們將不定期寄發新書資訊，並優先通知您
其他優惠活動，再次感謝您！！

Leaves
Publishing

根
以讀者爲其根本

莖
用生活來做支撐

葉
引發思考或功用

果
獲取效益或趣味